ESSAI DE CLASSIFICATION

DES

SUITES MONÉTAIRES DE LA GÉORGIE,

DEPUIS L'ANTIQUITÉ JUSQU'A NOS JOURS.

PARIS,

CAMILLE ROLLIN, RUE VIVIENNE, 12,

ET

BENJAMIN DUPRAT, RUE DU CLOÎTRE-SAINT-BENOÎT, 7.

ESSAI DE CLASSIFICATION

DES

SUITES MONÉTAIRES DE LA GÉORGIE,

DEPUIS L'ANTIQUITÉ JUSQU'A NOS JOURS,

PAR M. VICTOR LANGLOIS,

ASSOCIÉ-CORRESPONDANT DE L'ACADÉMIE ROYALE DES SCIENCES DE TURIN,

DE LA SOCIÉTÉ IMPÉRIALE D'ARCHÉOLOGIE DE SAINT-PÉTERSBOURG, MEMBRE DE L'INSTITUT DES LANGUES ORIENTALES

DE MOSCOU

ET DE LA SOCIÉTÉ ASIATIQUE DE FRANCE, ETC.

PARIS.

IMPRIMÉ PAR AUTORISATION DE M. LE GARDE DES SCEAUX

A L'IMPRIMERIE IMPÉRIALE.

M DCCC LX.

INTRODUCTION.

La première monnaie géorgienne qui ait été signalée à l'attention des savants est une médaille qu'Adler publia à Rome, en 1782 [1]. Après lui, T. C. Tychsen, Castiglioni, Marsden et Fræhn en firent connaître de nouvelles [2]; mais on ne peut considérer que comme de simples renseignements les mentions isolées que l'on trouve dans les ouvrages de ces savants numismatistes.

Ce ne fut guère que vers 1835, c'est-à-dire quelques années après la promulgation de l'ukaze en vertu duquel l'empereur Nicolas Ier ordonna de fermer l'hôtel des monnaies de Tiflis, que les médailles de la Géorgie devinrent l'objet d'une étude spéciale. Un savant orientaliste français, M. Brosset, entreprit le premier de publier la description des monnaies géorgiennes alors connues; ce travail, destiné à servir de complément à une dissertation du prince Theimouraz, fut inséré dans le *Journal de la Société asiatique* [3].

A partir de ce moment, la numismatique de la Géorgie prit de grands et rapides développements. Des relations suivies s'étant établies entre les provinces de l'Asie soumises à la Russie et celles de l'Europe orientale, on vit bientôt affluer dans les collections

---

[1] Adler, *Mus. cuf. Borg. Velit.* — *Coll. nov. num. cuf. seu arab. e mus. Borg. et Adl. dig. et expl.*

[2] Tychsen, *Comm. soc. Gott.* t. X et XIV, *Comm. III. Num. turc. tart. pers. geórg. compl.* — Castiglioni, *Mon. cuf. del mus. di Milano.* — Marsden, *Num. orient.* — Fræhn, *Recens. omn. mus. as. num. Muh.* t. 1; — *Nov. symb. ad. rem. num. Muh.* — *Mém. de l'Académie des sciences de Saint-Pétersbourg,* sect. hist. t. II, ix.

[3] *Dissertation sur les monn. géorgiennes* (*Journ. asiat.* 1835-1836).

publiques et particulières de Saint-Pétersbourg un nombre considérable de monuments, inédits pour la plupart, et qui devaient procurer à la science d'importants résultats. A la suite de ces nouvelles découvertes, M. Brosset publia un second mémoire[1] dans lequel il passa en revue les pièces dont s'étaient successivement enrichis les musées de l'empire russe. Les recherches de M. Brosset ne firent qu'exciter davantage le zèle des numismatistes, et quelques-uns, profitant de leur séjour dans la Transcaucasie, recueillirent avec un soin tout particulier les monuments monétaires qui intéressaient l'histoire de cette contrée.

Le prince Michel Barataïeff fut de ce nombre. Il consacra ses loisirs à réunir une suite considérable de pièces géorgiennes, et en forma une magnifique collection qu'il publia en partie en 1844. Son livre, imprimé avec luxe à Saint-Pétersbourg, contient la description d'environ cent monnaies et variétés, pour la plupart inédites[2]. Mais, il faut le dire, le fond de l'ouvrage est loin de répondre à la forme ; aussi M. Brosset, qui a rendu compte de ce livre en 1846, au nom d'une commission académique dont il était le rapporteur, a démontré que plusieurs des attributions proposées par le prince Barataïeff étaient inexactes ou du moins fort douteuses. M. Brosset publia, comme complément du rapport de la commission, une troisième dissertation, où il reprit en sous-œuvre ses précédentes recherches, et y ajouta la description de monnaies nouvelles qui ne se trouvaient pas dans l'ouvrage du prince Barataïeff[3].

Le livre du prince Barataïeff, loin de diminuer l'intérêt qui s'attachait aux monnaies de la Géorgie, ne fit qu'augmenter encore

[1] *Bulletin hist.-phil. de l'Académie des sciences de Saint-Pétersbourg*, t. VI, p. 33 et suiv.

[2] Нумизматическіе факты Грузинскаго царства, ou *Documents numismatiques du royaume de Géorgie*.

[3] Brosset, *Rapport sur l'ouvrage du prince Barataïeff*, et *Rev. de la numism. géorg.*

l'ardeur des savants russes, qui, poussant plus avant encore que ne l'avait fait ce zélé numismatiste l'étude et la comparaison des types, cherchèrent à fixer avec plus de précision les attributions des monnaies. En effet, bientôt après l'apparition de cet ouvrage, parurent différents mémoires sur l'une des questions les plus épineuses de la numismatique transcaucasienne, à savoir les drachmes frappées en Géorgie à l'imitation du type sassanide[1].

Si l'école russe avait amplement coopéré aux développements et aux progrès de la numismatique géorgienne, il n'en était pas de même de l'école française, qui était restée tout à fait étrangère à ce qui se passait dans les hautes régions scientifiques de Saint-Pétersbourg. Toutefois, il faut attribuer le peu de retentissement qu'eurent en France les travaux des Brosset, des Bartholomæi et des Barataïeff, aux événements politiques qui suivirent la révolution de 1848. Quand le calme eut succédé à l'orage, et que les esprits eurent repris le cours ordinaire de leurs préoccupations favorites, l'attention se tourna bientôt sur les résultats scientifiques que les publications faites en Russie avaient procurés pour la connaissance des médailles géorgiennes. Cédant aux instances de plusieurs savants, nous entreprîmes la description raisonnée des monnaies frappées en Géorgie pendant le moyen âge ; ce premier essai de la classification date de l'année 1852. Nous publiâmes, au retour de notre exploration de la Petite-Arménie, un appendice à notre travail, dans lequel nous fîmes connaître une série de monnaies nouvelles provenant d'une trouvaille faite près de Tiflis[2].

Sur ces entrefaites, le prince Barataïeff, qui préparait le second volume de ses *Documents numismatiques*, mourut, laissant son

---

[1] *Mém. de la Soc. d'arch. de Saint-Pétersbourg*, t. I, *Comm. du général de Bartholomæi.* — S..... *Classement des monn. au type sassanide.* — *Bullet. hist.-phil. de l'Académie des sciences de Saint-Pétersbourg*, t. IV.

[2] *Revue archéolog.* (1852), 8ᵉ ann. p. 525, 605, 654. — *Numismatique de la Géorgie au moyen âge.* — *Revue archéol.* (1856), 12ᵉ année, *append.* p. 717.

œuvre inachevée. L'école russe, privée du concours d'un savant qui avait contribué amplement à vulgariser les monnaies de la Géorgie, n'en continua pas moins, avec une louable activité, à recueillir les matériaux qui devaient servir à compléter autant que possible la série des monnaies qu'avaient frappées les princes de la dynastie bagratide.

Puissamment secondé dans ses investigations par M. Brosset, un savant officier de la brave armée du Caucase, aussi distingué par ses talents militaires que par ses connaissances en archéologie orientale, le général J. de Bartholomæi, s'occupa de rassembler pendant son séjour en Géorgie une riche collection de monnaies de ce pays, dont il fit hommage au musée de l'Ermitage. En même temps, ce savant numismatiste, qui tenait l'Académie des sciences de Saint-Pétersbourg au courant de ses découvertes, adressait une série de lettres à M. Brosset sur les médailles dont il enrichissait le musée impérial. Ces lettres, qui ont paru successivement dans le *Bulletin scientifique*, dans les *Mélanges asiatiques*, enfin dans les *Mémoires de l'Académie impériale des sciences de Saint-Pétersbourg*[1], ont non-seulement jeté un jour tout à fait nouveau sur plusieurs points d'histoire, d'archéologie et de numismatique qui n'avaient pas été parfaitement éclaircis jusqu'alors, mais encore elles ont fourni à leur auteur l'occasion de discuter avec habileté plusieurs questions relatives à l'économie politique et à la fabrication des monnaies de la Géorgie au moyen âge.

Pendant que le général de Bartholomæi se livrait avec ardeur à ses recherches, un savant académicien, disciple et ami de Fræhn, M. B. Dorn, publia dans le supplément de la *Recensio* du docte et regrettable orientaliste la description de beaucoup de monnaies

---

[1] *Bulletin. hist.-phil. de l'Académie des sciences*, t. XIV, p. 246 et suiv. — *Mélanges asiatiques*, t. III (1857). — *Lettres du général de Bartholomæi sur la numismatique et l'archéologie de la Transcaucasie* (1859).

géorgiennes[1] dont Fræhn n'avait point eu connaissance à l'époque où il fit paraître le premier volume de ses *Numi Muhammedani*.

Tels sont, en résumé, les travaux entrepris jusqu'à ce jour sur l'ensemble de la numismatique géorgienne. L'*Essai de classification* que nous publions a pour but de réunir dans un même corps d'ouvrage tous les monuments connus ou inédits qui doivent en faire une monographie aussi complète que possible, de fixer avec plus de certitude l'époque de la fabrication des monnaies, en comparant les types entre eux et en justifiant nos attributions à l'aide du texte des Annales nationales et des synchronismes que nous ont fournis les chroniques persanes, arabes et arméniennes.

Notre livre est divisé en plusieurs chapitres, suivant les différentes époques de l'histoire et les types représentés sur les monuments numismatiques ; ainsi on remarquera l'influence que le numéraire des Sassanides exerça sur celui de la Géorgie, à partir de la fin du vi[e] siècle de notre ère jusque dans les premières années du viie. Après cette première émission de monnaies nationales, on trouve une lacune de plusieurs siècles dans le monnayage national : c'est l'époque de la conquête et de la domination des Arabes. L'influence byzantine se fait sentir dès la fin du xe siècle et durant le xie. Mais pendant le xiie et jusqu'au milieu du xiiie siècle, le numéraire géorgien se ressent de la double influence des Arabes et des Persans, et du voisinage des Grecs de Trébizonde. A partir de la deuxième moitié du xiiie et de la première du xive siècle, les types subissent une réforme radicale, dont il faut attribuer la cause à la présence des Mongols à Tiflis. Avec la seconde moitié du xive siècle, on voit renaître l'influence trébizondaine, dont on retrouve encore quelques traces pendant le xve siècle, époque de trouble et de confusion pour la Géorgie, et de laquelle date sa

---

[1] Fræhnii *Opusc. postum.* p. 1, *Nov. suppl. ad Recens. num. Muh.* éd. B. Dorn, p. 392 et suiv.

soumission à la Perse. Enfin le monnayage national, interrompu pendant plusieurs siècles, reparaît au commencement du xviiie siècle ; l'influence persane est très-sensible sur le numéraire géorgien frappé dans le dernier siècle, et elle se continue jusqu'à l'annexion de la Géorgie à l'empire de Russie, malgré les tentatives faites par le roi Éréclé II, contemporain de Catherine II, qui avait adopté pour ses monnaies de cuivre le type de l'aigle à deux têtes.

Afin de ne laisser subsister aucune lacune dans nos descriptions, nous avons signalé les pièces frappées à Tiflis par les conquérants musulmans qui s'établirent à plusieurs reprises dans la Transcaucasie, comme par exemple les monnaies ommiades, abbassides, houlagouides, turkomanes, séfévides et osmanides. Nous avons mentionné aussi les pièces étrangères qui eurent cours en Géorgie, aux différentes époques de son histoire : les monnaies grecques, parthes, romaines, et sassanides ; les byzantines, arabes, trébizondaines, houlagouides, djélaïrides, timourides, djoudjides et turkomanes ; enfin les séfévides, osmanides, polonaises et russes, etc.

La méthode que nous avons suivie pour la classification et l'attribution des pièces, pour les développements historiques et la supputation des années, nous a été inspirée par les patientes recherches que les savants de l'école russe ont faites dans ces derniers temps. C'est principalement dans le grand ouvrage publié par MM. Brosset et Tschoubinoff sous le titre d'*Histoire de la Géorgie*[1], travail consciencieux et élaboré avec un soin merveilleux, que nous avons puisé les éléments des notices historiques placées en tête de nos descriptions. C'est grâce aussi aux données que nous ont fournies les textes diplomatiques et épigraphiques mis en lumière par M. Brosset, et à celles qui sont contenues dans les com-

---

[1] Brosset, *Histoire de la Géorgie,* 1re et 2e partie, avec introduction et additions (Saint-Pétersbourg, 1849-1858, in-4°). — Tschoubinoff, *Histoire moderne de la Géorgie,* en russe, Saint-Pétersbourg, 1844, in-4°.

munications faites dans le journal *le Caucase* et dans le *Bulletin de l'Académie des sciences de Saint-Pétersbourg*, par MM. Platon Iosélian et le général J. de Bartholomæi[1], que nous avons contrôlé certains points d'histoire, imparfaitement traités par les annalistes nationaux, quand ils ne les ont pas entièrement passés sous silence.

La tâche que nous nous sommes imposée, en publiant cet *Essai de classification*, eût été au-dessus de nos forces, si les bienveillants encouragements et les précieuses communications des illustres savants qui veulent bien nous honorer de leur amitié ne nous étaient venus en aide dans le cours de nos recherches. Aussi nous ne pourrions sans ingratitude ne pas rappeler ici les noms de LL. ExEx. MM. de Gille et Brosset, qui, avec une libéralité dont nous leur conserverons toujours une inaltérable reconnaissance, ont mis gracieusement à notre disposition, outre les estampages des richesses scientifiques de l'Ermitage confiées à leurs soins, d'importants et utiles renseignements sur l'ensemble du travail dont nous avons entrepris la publication. Nos savants maîtres et amis, MM. Reinaud et Frédéric Soret ont également droit à notre gratitude, par l'appui qu'ils nous ont constamment prêté, toutes les fois que nous avons fait appel à leur inépuisable érudition et à leur critique éclairée.

Mais comment exprimer toute notre gratitude à S. Ex. le général de Bartholomæi, qui s'est si obligeamment offert à nous communiquer les notes qu'il avait rassemblées, depuis dix années, sur l'ensemble de la numismatique géorgienne, et a mis le comble à son désintéressement, en nous envoyant une importante suite de pièces géorgiennes, collectionnée par lui à notre intention, et

[1] Brosset, *Rapports sur un voy. en Transcaucasie*, 1849. — *Notes et add. à l'Hist. de la Géorgie.* — *Bulletin hist.-phil. de l'Acad. des sciences*, passim. — Bartholomæi, *Lettres num. et archéol. relat. à la Transcaucasie,* dans le *Bulletin de l'Acad. des sc.* et dans les *Mémoires* de la même compagnie. — Journal *le Caucase* (publié en russe à Tiflis), articles de Pl. Iosélian et du général de Bartholomæi, *passim.*

en nous laissant l'honneur de composer un ouvrage que lui seul était à même de traiter de main de maître? Aussi nous n'avons pu résister au plaisir de transcrire textuellement dans le cours de notre livre plusieurs passages des lettres que le savant général nous écrivit, d'autant plus que sa correspondance active nous a révélé une foule de points d'histoire ignorés, de rapprochements ingénieux, d'attributions nouvelles dans une étude neuve pour ainsi dire, et qui était semée de véritables difficultés.

Quand nous avons entrepris d'écrire ce livre, la Transcaucasie commençait à renaître à l'ombre de la puissante protection des Empereurs de Russie ; nous l'avons terminé peu de temps après la mémorable campagne qui acheva la soumission du flanc gauche du Caucase et mit fin à la domination de Schamyl dans les montagnes du Daghestan. Aujourd'hui qu'aux palpitantes émotions de cette lutte sanglante a succédé une ère nouvelle de paix et de prospérité, aujourd'hui que la science va prendre possession des vastes contrées où naguère encore l'ignorance et la barbarie dominaient en souveraines, on nous saura peut-être gré d'être entré, en suivant les traces de l'école russe, dans l'arène où vont se résoudre les grandes questions historiques qui depuis des siècles ont été un sujet de continuelles méditations dans les sphères élevées de l'érudition et de la critique.

Victor LANGLOIS.

Paris, septembre 1860.

ESSAI DE CLASSIFICATION

DES

SUITES MONÉTAIRES DE LA GÉORGIE,

DEPUIS L'ANTIQUITÉ JUSQU'A NOS JOURS.

PROLÉGOMÈNES.

I.

Coup d'œil sur l'histoire de la Géorgie dans l'antiquité.

La contrée connue sous le nom de *Géorgie* est située entre la mer Noire à l'ouest, et la mer Caspienne à l'est, le Caucase au nord, l'Arménie et la Perse au sud [1]. Elle est désignée, dans la Géographie de Wakhoucht, sous trois appellations différentes : *Sakarthwélo*, *Ivéria* et *Giorgia* [2]. Suivant les légendes nationales, le premier nom lui viendrait de Karthlos, que la tradition dit avoir été le père de la race, le premier patriarche de la nation. Le second est une désignation non-seulement adoptée par les Grecs et les Romains, qui nomment habituellement la Géorgie Ἰ6ηρία, *Iberia* [3], d'où les chroniqueurs occidentaux des croisades ont fait *Averguia* [4], *Avignia* [5] ; mais c'est encore la même forme que les Arméniens ont transcrite par Ս բագատան, terme qu'ils

[1] Brosset, *Introd. à l'Hist. de la Géorgie*, p. m.

[2] Wakhoucht, *Géographie de la Géorgie*, p. 52-55.

[3] Strabon, *Géogr.* liv. XI; Ptolémée, l. V, c. xi; Socrate, *Hist.* liv. 1, 26; Sozomène, II, 7; Pline, VI, 4, 10, 13; Eutrope, VI, 14, VIII, 3.

[4] Guillaume de Tyr, partie I, liv. XI, c. xxvi.

[5] Albéric de Trois-Fontaines, *Chron.* (*Hist. de France*, t. XXI, p. 603.)

emploient habituellement pour désigner la Géorgie [1]. Quant à la troisième appellation, Giorgia, elle paraît venir du nom de *Gourdj*, que
les Persans donnaient aux habitants de la Géorgie, et qui est l'altération d'une dénomination plus ancienne, la Χορζηνή de Strabon [2], la
Խորձէն des Arméniens [3], qui, au temps de Justinien, portait le nom
de *Corsena* [4]. C'est au surplus de ce nom de Gourdj qu'ont été formés
très-vraisemblablement les ethniques Gourdjistan, Djorzan et Gour-
zan [5], que les Orientaux donnent à cette contrée transcaucasienne,
Grouz, désignation adoptée par les Russes, et enfin Géorgie, que l'on
trouve universellement admis par les géographes modernes.

La Géorgie, ou plutôt les contrées habitées par les populations qui
parlaient l'idiome indo-européen désigné sous le nom de *géorgien*, n'a
pas toujours formé un seul royaume; car l'histoire nous apprend qu'au
xve siècle ce pays fut divisé entre les fils d'Alexandré [6], qui régnèrent,
l'un sur le *Karthli*, appelé par les voyageurs des derniers siècles *Car-
duel* ou *Kartalinie*, l'autre sur l'*Iméreth*, formé de portions de la Colchide et de la Meskhie, et un troisième enfin sur le *Cakheth*, qui se composait d'une partie de l'Albanie arménienne, ou pays des Agh'ouans.
Mais comme ces deux derniers États, l'Iméreth et le Cakheth, furent
pendant plusieurs siècles réunis au royaume de Karthli, c'est ce dernier qu'on désigne le plus généralement sous le nom de royaume de
Géorgie.

Le Karthli était situé entre le Cakheth et l'Iméreth, et avait pour
capitale Tiflis. Strabon, qui mentionne les peuples qui habitaient le
nord de la Perse et de l'Ibérie, leur donne le nom de Κάρτιοι [7]. A peu
de distance de Tiflis, s'élevait Mtzkhétha, résidence des patriarches de

---

[1] Moyse de Khorĕn, *Histoire d'Arménie*, liv. I, c. xxxi, et *passim*.

[2] Strabon, *loc. cit.*

[3] Saint-Martin, *Mém. sur l'Arménie*, t. I, p. 93.

[4] *Institutes*, c. xii, *De apparitoribus*.

[5] C. d'Ohsson, *Voyage d'Abou el-Cassim*, p. 13, 165 et suiv. Aboulfaradj, *Chron. syr.* p. 117; Saint-Martin, *op. cit.* t. I, p. 93; Ibn Alatir, conf. Ch. Defrémery, *Hist. arab. rel. au Caucase*, p. 28 et suiv.

[6] Wakhoucht, *Histoire du Karthli, du Samtzkhé, de l'Iméreth*, dans la deuxième partie de l'Histoire de la Géorgie, publiée par M. Brosset, 1re livraison.

[7] Strabon, liv. XI.

la Géorgie[1]. A l'ouest du Karthli, se trouvait l'Iméreth, contrée qui, à ce qu'il paraît, tire son nom de l'adverbe იმიგნ, *au delà*. C'est à ce pays que les géographes, les chroniqueurs nationaux et les monuments donnent plus particulièrement le nom d'Aphkhazeth, que les Grecs ont rendu par Ἀϐασγία[2]. A l'est, le Karthli touchait au Cakheth, aussi nommé Héreth. Chacun de ces trois États, dont les limites ont éprouvé de fréquentes modifications, suivant les temps et les circonstances, était divisé en un certain nombre d'éristhawats ou fiefs princiers, à la tête desquels étaient placés des thawads, et de fiefs inférieurs, possédés par des aznaours qui occupaient un rang moins élevé dans la hiérarchie féodale du royaume[3].

Nous n'aurons à nous occuper dans cet ouvrage que des rois du Karthli, parce que la prépondérance qu'ils exercèrent toujours sur toute la contrée habitée par les Géorgiens les désigne d'une façon toute spéciale à notre attention, et qu'ensuite ils furent les seuls dynastes qui usèrent vraisemblablement du droit de battre monnaie, même quand la Géorgie formait plusieurs royaumes distincts et indépendants les uns des autres. Disons cependant que certains voyageurs prétendent que les rois d'Iméreth firent aussi battre monnaie[4]; mais aucune pièce, qui puisse leur être attribuée avec certitude, n'est arrivée jusqu'à nous.

L'histoire de la Géorgie, telle qu'elle nous est parvenue dans la compilation connue sous le nom de *Grandes Annales*, dans le résumé du tzaréwitch Wakhoucht, et dans les différentes chroniques récemment mises en lumière par M. Brosset[5], se divise en deux parties, l'antiquité et l'âge moderne. Cependant nous croyons qu'il est possible de faire une autre distinction, et de la partager en deux grandes périodes, la

---

[1] Brosset, *Rapports sur un voyage dans la Transcauc.* V, p. 2; I, p. 20; [F. de Gille,] *Lettres sur le Caucase*, p. 260 et suiv.

[2] Const. Porphyr. *De adm. imperii*, c. XLII.

[3] Wakhoucht, *Géogr.* p. 487 et suiv. *Index chronolog. des lois* (en russe), t. XXI, n° 13834.

[4] Tavernier, *Voy. en Turquie, en Perse, etc.* t. 1, p. 449.

[5] Brosset, *Hist. de la Géorg.* (4 vol. in-4°), et *Introd. à l'Hist. de la Géorg.* (1 vol. in-4°), § 2, *Sources de l'histoire géorgienne*, p. xi et suiv.

période héroïque et la période historique; la première, qui comprend toute une série de faits, la plupart légendaires, qui se poursuivent jusqu'au vi^e siècle de notre ère, c'est-à-dire jusqu'au moment où la Géorgie, ayant secoué le joug de la Perse, alors au pouvoir des Sassanides, appela les Bagratides au trône et s'allia avec les Grecs de Byzance, et la seconde, qui commence au vi^e siècle de notre ère, et se termine à l'époque de l'annexion du royaume aux possessions de l'empire de Russie, en 1801.

Pour ce qui est des temps qui précédèrent la venue du Christ et l'installation de la religion chrétienne en Géorgie, les Annales ne renferment à proprement parler que des légendes, et, en effet, rien n'indique que les chroniqueurs, qui ont prétendu raconter les événements accomplis avant cette époque, aient fait usage de documents puisés aux sources historiques; on a même tout lieu de croire que ce qui pouvait subsister des anciennes traditions nationales, avant l'introduction du christianisme dans les contrées de la Transcaucasie, fut détruit au moment de la conversion des Géorgiens à la foi nouvelle, comme cela avait déjà eu lieu en Arménie, lors de la prédication de saint Grégoire l'Illuminateur. Aussi on comprend que les Grandes Annales, à la rédaction desquelles concoururent, à plusieurs reprises, différents chroniqueurs, ne contiennent, en réalité, pour les temps primitifs des contrées transcaucasiennes, qu'un tissu de fables, où de temps à autre on parvient à saisir la trace d'une tradition dénaturée, et qu'il est presque impossible de rattacher aux événements de l'histoire. Dès que l'on étudie le livre des Annales de la Géorgie, dont les premiers chapitres furent rédigés longtemps après l'établissement de la religion chrétienne dans la Transcaucasie, on reconnaît bien vite que les auteurs de cette longue chronique étaient de pauvres moines, dont l'unique science consistait dans la connaissance des livres saints, auxquels ils faisaient de continuels emprunts. On ne s'étonne plus, dès lors, que les traditions nationales, entièrement dénaturées de leur temps, aient subi encore de nombreuses altérations entre leurs mains, puisque nous les voyons remplacées par des histoires et des généalogies arbitraires, dont la plupart étaient rattachées avec plus ou moins d'habileté aux récits et aux filiations de la race juive. Ce système, du reste, n'était pas seulement particulier aux annalistes géorgiens, car nous savons que les premiers historiens de l'Arménie avaient agi de la sorte et étaient arrivés aux mêmes résultats. Au surplus, il est facile de comprendre que, pour raconter les faits d'une époque presque oubliée, un semblable procédé dut nécessairement venir à l'esprit de gens pour qui les livres saints étaient le texte historique et religieux par excellence, l'unique tradition véridique, puisqu'ils étaient l'œuvre d'une révélation. Laissant presque entièrement de côté les traditions confuses qui leur étaient parvenues sur l'origine de leur race et les antiquités de leur nation, les annalistes géorgiens n'avaient retenu seulement que des noms de personnages dont il n'était pas possible de nier l'existence, et que, malgré leur répugnance pour tout ce qui ne se rattachait pas directement aux livres saints, ils avaient fait cependant intervenir dans leurs récits. Mais ce mélange de traditions bibliques et de réminiscences géorgiennes dénaturées avait produit une telle confusion dans l'esprit des rédacteurs, et par suite dans leurs écrits, qu'il est presque impossible de tirer aujourd'hui aucun parti sérieux des premiers chapitres des Annales.

Pour prouver d'une manière évidente combien la fiction domine dans les premières pages des Annales, il suffit de citer un fait : c'est qu'aucun des événements relatifs à l'histoire de la Géorgie et qui sont rapportés par les historiens grecs et latins n'est raconté par les chroniqueurs ; bien plus, les personnages dont les noms nous sont transmis par les écrivains de l'antiquité ne figurent qu'à de rares exceptions et sous une forme très-altérée dans les Annales géorgiennes. Cependant nous avons tout lieu de croire au témoignage des anciens qui racontaient des faits accomplis de leur temps. Ainsi personne ne cherchera à révoquer en doute l'expédition de Pompée en Ibérie [1], les faits relatifs au règne de Pharasmane, l'établissement de son frère Mithridate en

---

[1] Appien, *De bell. Mithr.* c. iii; Dion Cassius, l. XXXVI, c. xxxiii, xxxvi, xxxvii, et liv. XXXVII, c. i.

Arménie, les talents, les cruautés et les revers de Rhadamiste, fils de Pharasmane [1], événements remarquables dont le retentissement dut être immense en Géorgie, puisque Rome elle-même en connut les détails et que les écrivains contemporains les ont mentionnés dans leurs récits.

Il est vrai qu'à l'époque où s'accomplissaient les événements que nous venons de rappeler, la Géorgie, pays presque barbare, était depuis de longues années soumise à la Perse ; son existence se liait intimement à celle des Arsacides et des Sassanides ; la religion du feu était commune aux deux peuples, et jusqu'alors, quoi qu'en disent les annalistes, aucun indice de nationalité et d'organisation politique n'existait en Géorgie. Les notions certaines que nous avons pu recueillir sur les temps anciens de l'histoire de la Transcaucasie, ne permettent de distinguer qu'un long assoupissement causé par une oppression étrangère ; il semble que la nation attendait un de ces événements que la Providence suggère à propos, et qui vînt la tirer de la profonde obscurité où elle était ensevelie depuis tant de siècles. Cet événement, ce fut le christianisme qui le produisit. Nous savons, du reste, que, jusqu'au moment de la prédication de l'Évangile dans la Géorgie, cette contrée était sans importance et presque ignorée des anciens. Tacite, qui vivait dans la seconde moitié du Ier siècle de notre ère, en parle en ces termes, «Modicum Hiberiæ regnum [2] ;» autre part, il dit encore : «Ignobilem Hiberum, mercenario milite [3].» Mais dès que les Géorgiens eurent embrassé la religion de l'Évangile et que la croix divine eut remplacé le feu sacré sur les autels de l'antique religion des Perses, l'esprit de nationalité se manifesta tout à coup. Bientôt une lutte religieuse s'engagea entre les adorateurs du feu et les Géorgiens devenus chrétiens, lutte dont l'Arménie fut aussi le théâtre à la même époque, et qui donna probablement naissance à ces guerres de religion dont le ve siècle fut témoin dans cette partie de l'Asie [4].

---

[1] Tacite, *Ann.* liv. XII et XIII, *passim.*
[2] *Ibid.* liv. XII, c. XLIII.
[3] *Ibid.* liv. VI, c. XXXIV.
[4] Élisée, *Histoire de la guerre de Vartan* contre Iesdedjerd II (éd. de Garabed, 1844), publiée sous le titre de *Soulèvement de l'Arménie au ve siècle.*

Aussitôt que la nationalité géorgienne eut pris le dessus et que le sol du pays eut été en partie délivré de l'influence persane, on vit un ordre de choses tout nouveau se produire dans la Transcaucasie. L'histoire elle-même commença à sortir du domaine de la fiction pour entrer dans celui de la réalité. Le récit des événements, bien que fortement empreint des idées religieuses qui captivaient alors les esprits, et point encore dégagé entièrement des légendes héroïques qui se produisent presque toujours à la naissance des nationalités, prit cependant une allure moins naïve et entra dans une voie plus franche. Ainsi, en étudiant attentivement l'histoire de la Géorgie dans les temps qui nous occupent, nous voyons d'abord la fiction et la tradition en présence, c'est-à-dire un mélange d'écrits profanes et religieux [1], où domine l'idée chrétienne. Contrairement au système qu'Hérodote et Thucydide avaient suivi pour raconter les faits accomplis, les annalistes géorgiens ont confondu les légendes avec les mythes, et les traditions nationales, recueillies par eux, n'ont subi ni le contrôle ni l'épuration d'une sorte de critique ; aussi n'est-ce pas le cas d'appliquer aux rédacteurs des Annales cette parole du philosophe grec, que le commencement vaut à lui seul les progrès ultérieurs qu'il prépare [2].

Aussitôt que l'on a jeté un coup d'œil sur le contenu des premières pages des Annales géorgiennes, qui renferment un curieux spécimen de la littérature profane et religieuse du pays, on se trouve en face des légendes héroïques, et bientôt le chroniqueur vous transporte aux premiers siècles de notre ère, époque purement historique pour d'autres peuples, et qui est encore, pour la Géorgie, en partie fabuleuse. En effet, le rédacteur a choisi les premiers siècles de notre ère pour nous faire assister à l'apparition, non plus du père de la race, mais du restaurateur de la nation, du héros géorgien par excellence, du conquérant extraordinaire qui recule au loin les limites du pays, triomphe avec gloire de tous ses ennemis, et règne puissamment sur les vastes contrées que ses armées ont subjuguées. Ce personnage héroïque, que les chro-

---

[1] Brosset, *Introd. à l'Histoire de la Géorgie*, p. xi, S 2, *Sources ; Grammaire géorgienne*, introd. p. vi et suiv. — [2] Aristote, *Réfutat. sophistiq.* ch. dernier.

niqueurs appellent *Wakhtang-Gourgaslan*, le lion-loup, vivait, chose
étrange, au v⁰ siècle de notre ère, c'est-à-dire très-peu de temps avant
Justinien et Khosrou-Nouschirwan. En lisant la vie et les aventures
de Wakhtang, on reconnaît de suite une de ces compositions poétiques
dues à l'imagination d'un enthousiaste qui a créé un héros national,
dont les hauts faits doivent servir de préambule à l'histoire de sa patrie. Wakhtang, tel qu'il est dépeint dans les Annales, est plutôt un Bac-
chus indien, un pseudo-Alexandre, demi-dieu, demi-héros, parcourant
l'Asie qu'il soumet à ses lois, que le chef d'un petit État que Tacite avait
si sévèrement qualifié quelques siècles auparavant. Toutefois, nous ne
prétendons pas nier l'existence de Wakhtang, d'autant plus que l'historien arménien Lazare de Ph'arbe, son contemporain, et l'auteur de la
Vie de sainte Chouchanic, femme de Vasgèn, ptiachkh des Koukark'h,
nous apprennent que Wakhtang régna à Mtzkhétha. En outre, nous
savons que Wakhtang, au dire des historiens byzantins, prit part aux
expéditions de Firouz dans l'Asie Centrale et l'Inde, et une inscription
de l'église de Nouzala rapporte l'enlèvement de sa sœur par les Osses [1].
Quoi qu'il en soit, la biographie de Wakhtang, telle que les Annales
nous l'ont transmise, a été singulièrement dénaturée et amplifiée, et
la critique se refuse à en admettre l'authenticité. C'est, au surplus, de
la même façon que commencent la plupart des chroniques des peuples
de l'Asie, où l'on trouve la tradition mêlée aux mythes héroïques, et
servant pour ainsi dire d'entrée en matière à l'histoire positive. Néan-
moins, il est curieux de voir qu'au v⁰ siècle de notre ère, les Géorgiens,
de même que les Arabes, en étaient encore à leur période héroïque,
et que leur histoire ne reposait en grande partie que sur des fictions
poétiques. Ce phénomène, qu'un savant orientaliste a signalé comme
ayant existé chez les Arabes à la même époque, montre que, alors
que d'autres peuples de l'Asie étaient déjà bien avancés en civilisation,
des populations très-voisines de ces peuples en étaient encore à leur
âge héroïque. C'est donc un fait très-curieux dans l'histoire du monde,

[1] *Mémoires de l'Académie des sciences de Saint-Pétersbourg*, VI⁰ série, t. IV, p. 322; Brosset, *Histoire de la Géorgie*, t. I, p. 158, n° 3.

que celui de deux nations, fort éloignées l'une de l'autre, traversant ainsi leur époque fabuleuse à côté de races déjà vieilles dans l'histoire, et continuant leur vie héroïque à une époque assez rapprochée de nous, au milieu d'une réflexion très-avancée [1].

Quand la religion chrétienne se fut peu à peu répandue dans les régions transcaucasiennes, les chroniqueurs, qui écrivaient sous l'influence des idées nouvelles et dans le but de renverser pièce à pièce l'édifice du passé, ne se préoccupèrent que médiocrement des événements de l'histoire, afin de raconter avec un soin minutieux les phases diverses de l'existence des premiers champions de l'Évangile dans les contrées où la foi venait de planter son drapeau. La vie des saints apôtres et martyrs du pays absorbe leur pensée tout entière, et si, à de rares intervalles, les hagiographes font une excursion dans le domaine de l'histoire, c'est pour intercaler incidemment un nom de roi, et combler, par des récits de peu d'importance, les lacunes des règnes que, dans leur pieuse préoccupation, ils ont complétement négligés.

Il faut arriver jusqu'au vi^e siècle pour voir l'histoire de la Géorgie, entièrement dégagée de ses mythes, prendre une place importante dans les annales de l'Asie. Le christianisme est établi sur une base solide dans toute la contrée, et les chroniqueurs commencent à enregistrer les développements successifs qu'il acquit, grâce à la protection des rois du pays. La persistance des apôtres de la foi mettait les souverains de la Perse, ennemis acharnés des chrétiens, dans l'obligation de tolérer la religion de l'Évangile dans les contrées qui tendaient chaque jour à leur échapper. Le prestige de la puissance sassanide, qui s'est à peu près évanoui en Géorgie, autorise les princes du pays à se déclarer indépendants; les rois de Perse ne peuvent même les contraindre à abandonner l'alliance qu'ils ont contractée avec les empereurs grecs de Byzance, leurs coreligionnaires. Les thawads et les aznaours, unis entre eux par un intérêt commun, ne craignent pas de s'adresser à l'empereur de Constantinople pour qu'il leur désigne un souverain. La politique de la cour de Byzance, qui voit dans cette demande une occasion

---

[1] Renan, Sur quelques noms arabes, conf. *Bulletin archéologique* (1856).

favorable pour étendre son influence en Géorgie au détriment de la Perse, se hâte de leur donner un chef choisi parmi éux, et qui est élevé à la dignité de couropalate. Mais bientôt cette dignité ne satisfait plus l'ambition des Bagratides géorgiens, qui se décorent du titre de roi. Après une série de vicissitudes, pendant lesquelles les Grecs et les Perses se disputent sans relâche la possession ou plutôt la suzeraineté de la Géorgie, Héraclius paraît en Orient, à la tête des légions impériales, et une ère nouvelle s'inaugure pour les chrétiens. Le conquérant grec poursuit le cours de ses exploits jusque dans les contrées au centre desquelles s'étend la chaîne du Caucase, dont il soumet la plus grande partie à ses lois, et il établit des relations plus directes et plus suivies entre Byzance et la Géorgie. Depuis lors, l'histoire de ce pays tend de plus en plus à prendre le caractère d'une chronique consciencieuse, et c'est aussi à partir de ce moment qu'apparaissent les monuments numismatiques dont le témoignage aide à contrôler le récit des annalistes.

En résumé, dès que la dynastie sassanide fut tombée dans une complète décadence, et que les princes géorgiens se furent déclarés indépendants, et en appelèrent à Byzance pour le choix d'un souverain, l'histoire de la Géorgie prit réellement naissance, et le numéraire national commença à circuler dans toute la contrée. Nous étudierons, dans la suite de ce travail, l'histoire des princes dont nous décrirons les monnaies, et cette histoire, dont le fond nous sera fourni par le texte même des Annales, se trouvera sans cesse contrôlée par de nombreuses médailles, qui, chaque jour, viennent enrichir, en l'agrandissant, le champ de la numismatique géorgienne.

II.

Monnaies qui circulèrent en Géorgie avant l'avénement des Bagratides.

Nous venons de voir, dans le paragraphe précédent, que l'histoire ancienne de la Géorgie est fort obscure, et que les événements accomplis dans ce pays, depuis l'installation de la race de Karthlos jusqu'aux premiers siècles de notre ère, ont été tellement défigurés par les anna-

listes, qu'il est presque impossible maintenant d'en retrouver la trace
et de rattacher entre eux, par un lien quelconque, la plus grande
partie des faits que les chroniqueurs nous ont transmis. En présence
de données aussi peu certaines, il est très-difficile aujourd'hui de
tracer un tableau exact des différentes monnaies qui eurent cours
en Géorgie dans les temps qui précédèrent la venue du Christ,
d'autant plus que les Annales ne nous fournissent que très-peu de
renseignements relatifs au numéraire qui circula dans les provinces de
la Transcaucasie à l'époque qui nous occupe, et encore ces renseignements sont-ils de nature à offrir aux critiques matière à de sérieuses controverses.

Le premier auteur qui ait rassemblé les textes relatifs aux plus
anciennes monnaies qui eurent cours en Géorgie est M. Brosset. Ce
savant orientaliste a signalé, en effet, un passage des Annales où il
est dit que le roi Pharnawaz, qui régnait dans le courant du IVe siècle
avant notre ère, s'étant, dans sa jeunesse, attardé sur les traces d'un
cerf, découvrit une caverne remplie d'or et d'argent. En informant de
cette découverte Koudj, éristhaw de Mingrélie, il employa le mot
სასაგანგი, qui a à la fois le sens de *richesse* et de *bétail*[1]. Koudj com-
prit si bien ce dont il s'agissait, qu'il répondit : « N'épargne pas ton
« *bétail*, je m'en servirai pour augmenter tes troupes. »

Quelles étaient les monnaies qui composaient le trésor découvert
par Pharnawaz? Tel est le problème que les Annales laissent à la critique le soin de résoudre. Dans l'état actuel de nos connaissances sur
la numismatique géorgienne, nous pouvons affirmer que les monnaies en
question n'étaient point nationales; car on sait que la fabrication du
numéraire géorgien proprement dit ne commença, au plus tôt, que
dans les premières années du Ier siècle de notre ère, c'est-à-dire quelque temps après les expéditions de Pompée en Ibérie, et alors que les
légions romaines étaient cantonnées dans les vallées qui s'étendent au
sud de la chaîne du Caucase. On est donc tout naturellement amené

---

[1] Brosset, *Revue de numismatique géorgienne*, p. 15 et suiv. *Introd. à l'Hist. de la Géorgie*,
p. LXXXVII; *Hist. de la Géorgie*, p. 41.

à supposer que les trésors découverts par Pharnawaz se composaient de pièces étrangères à la Géorgie, mais qu'une circulation abondante avait déjà fait admettre depuis un temps assez long, par les gens du pays, à titre de monnaie courante. Or, parmi les monnaies de fabrique étrangère, qui se trouvent en assez grand nombre dans la Géorgie, on remarque, pour l'époque qui nous occupe en ce moment, des dariques[1], des drachmes et des tétradrachmes d'Athènes d'ancienne fabrique, d'Alexandre de Macédoine, en petite quantité, et surtout un nombre considérable de petites monnaies, communément désignées sous le nom de *pièces de Colchide*, à cause de leur provenance[2], et dont voici la description :

Tête ornée d'une coiffure égyptienne retombant sur le cou, et tournée à droite; grènetis au pourtour.

Rʹ. Tête d'un bœuf, tournée à droite; filet au pourtour.

Arg. Cabinets de la Bibliothèque impériale de Paris et de l'Ermitage impérial de Saint-Pétersbourg. — Voy. pl. II, nᵒˢ 1 à 3.

En rapprochant le type du revers de cette monnaie du passage des Annales mentionné plus haut, on est frappé de l'application que Pharnawaz fit du mot ზვასტაანვი aux monnaies découvertes par lui dans la caverne, et on ne peut s'empêcher de reconnaître dans ce mot une allusion évidente au type du bœuf, qui figure invariablement au revers de toutes les médailles dont nous venons de décrire un spécimen.

L'émission des monnaies dites de Colchide dura plusieurs siècles, et on peut aisément s'en convaincre, en comparant le style de ces pièces, qui offrent entre elles des différences assez notables. Cependant, l'époque de leur plus grande émission paraît avoir été pendant le III⁰ siècle qui précéda l'ère chrétienne. Il est curieux de rencontrer des exemplaires de ces monnaies dans des localités déterminées, comme, par exemple, la Colchide, les contrées du littoral oriental de la mer Noire, et toutes les côtes septentrionales de l'Asie Mineure. C'est

______

[1] Bartholomæi, *Lettres,* XV, p. 63. — [2] *Id. ibid.* p. 63; XVIII, p. 70; Gille, *Lettres sur le Caucase,* p. 279.

au surplus cette circonstance qui a engagé les numismatistes à les attribuer de préférence à la Colchide, d'autant plus que le style égyptien de la figure que l'on remarque sur la face de ces médailles paraissait appuyer une tradition assez généralement répandue dans l'antiquité, à savoir que les Colches étaient d'origine égyptienne[1]. Cependant, malgré l'apparente analogie que le type des monnaies dites de Colchide semble avoir avec les représentations égyptiennes, et quoi qu'en aient dit les anciens de l'origine africaine des Colches, il serait impossible d'admettre, avec une entière certitude, que ces pièces furent frappées dans cette contrée, d'autant plus que l'on trouve des statères d'or portant le même type, et qui, certainement, ne sont pas de provenance colche. On connaît, au surplus, plusieurs médailles frappées en Ibérie, et particulièrement en Colchide, à l'époque où les colonies grecques fondèrent des établissements sur les côtes du Pont-Euxin, et, bien que les pièces soient peu nombreuses, nous avons cependant toute raison de supposer qu'elles ont été fabriquées dans les ateliers monétaires des villes de la Colchide. On peut citer, notamment, les didrachmes, avec un carré creux et deux têtes, conservés à l'Ermitage, les pièces d'argent portant une tête de femme de style archaïque, et, au revers, une tête de bœuf[2], une petite pièce avec les lettres MO (Μόσχος?)[3], les monnaies de Dioscurias, ayant, au droit, les bonnets des Dioscures, et, au revers, un cippe entouré de la légende ΔΙΟΣΚΟΥΡΙΑΔΟΣ, celles au même type, avec les lettres ΔΕΙ, et portant au revers un Δ, sigle de Dioscurias, dans un astre[4], enfin la célèbre monnaie qui a pour légende ΒΑΣΙΛΕΩΣ ΑΡΙΣΤΑΡΧΟΥ ΚΟΛΧΔΟΣ, et frappée par le roi Aristarque, qui vivait au 1er siècle avant notre ère[5], etc.

<hr>

[1] Hérodote, liv. II, c. civ; saint Jérôme et Sophronius, cités par Bochard, *Géogr. sacrée*, liv. IV, c. xxxi; Pindare, *Pythiq.* IV, vers 377; Apollonius de Rhodes, *Argon.* III, 204; IV, 272 et suiv.

[2] *Mém. de la Soc. d'arch. de St-Pétersb.* t. III, p. 367 et suiv.

[3] Khœne, *Descript. du musée Koutchoubey,* t. I, p. 427 et suiv.

[4] Mionnet, *Méd. grecq.* t. II, p. 334, n° 1.

[5] Khœne, *op. cit.* Bartholomæi, *Lettres numismatiques relatives à la Transcaucasie,* XIX, p. 73.

La monnaie courante de la Géorgie, à partir des premières années du iie siècle avant notre ère, se composait de quelques rares drachmes de Syrie et de Cappadoce, mais principalement de pièces arsacides, dont on retrouve encore, dans toute la contrée, de nombreux spécimens, qui, pour la plupart, sont frappés au type d'Arsace VI Mithridate Ier et de ses successeurs, jusqu'au règne de Phraate IV inclusivement[1]. Cependant, dès les premières années du iie siècle de notre ère, la monnaie romaine, accueillie avec faveur en Géorgie, finit par remplacer le numéraire parthe, et on fabriqua même, dans le pays, un nombre considérable de pièces à l'imitation du denier d'Auguste, au revers duquel sont représentés Caïus et Lucius Césars, fils adoptifs de cet empereur. Combien de temps dura l'émission de ces monnaies, et par quelle autorité furent-elles fabriquées? Tel est le problème que nous allons essayer de résoudre. D'après toutes les probabilités, il est permis de conjecturer que l'émission de ces monnaies se continua pendant un temps assez long, puisque le style de plusieurs de ces pièces diffère essentiellement de celui du prototype romain[2] dont voici la description :

CAESAR AVGVSTVS DIVI F. PATER PATRIAE. — Tête laurée d'Auguste, tournée à droite.

R. C. L. CAESARES AVGVSTI F. COS. DESIG. PRINC. IVVENT. — Caïus et Lucius debout, tenant chacun la haste et un bouclier. Dans le champ, le simpule et le bâton d'augure.

Arg. Cabinets de France et de l'Ermitage.

Il serait superflu d'entrer ici dans le détail des événements politiques qui amenèrent en Asie, et particulièrement dans la Transcaucasie, une grande quantité de ces deniers; il suffit de dire que la cause principale est la guerre de l'an ii avant notre ère, que Tacite et Velleius Paterculus ont racontée dans leurs histoires[3]. Les légions impériales furent vraisemblablement soldées en deniers frappés à Rome, avec un coin approprié aux circonstances, et ces monnaies passèrent

[1] Bartholomæi, *Lettres*, IV, p. 23.
[2] *Ibid.* p. 25.
[3] Tacite, *Ann.* II, 3; Vell. Patercul. II, 101.

bientôt en Arménie et en Géorgie, où, grâce à leur nouveauté, elles furent accueillies avec empressement, et ne tardèrent pas à remplacer la drachme arsacide [1].

M. H. Cohen, qui a mentionné le denier romain que nous avons décrit [2], fait observer qu'il existe des variétés de cette médaille, qu'il attribue à des peuples barbares. Le général de Bartholomæi a précisé davantage, en disant que les imitations de la monnaie en question se rencontrent en grand nombre sur beaucoup de points de la Géorgie, et que les exemplaires qu'il a étudiés sur les lieux mêmes forment trois types principaux, qui dénotent, à n'en pas douter, trois époques bien tranchées. Le même savant considère que ces pièces, dont quelques-unes sont d'une fabrique très-barbare et permettent à peine de reconnaître le type primitif du denier dont elles sont des imitations grossières, ont dû être frappées en Géorgie, peu de temps après l'apparition du denier romain aux types des fils adoptifs d'Auguste, et qu'elles ont été pendant assez longtemps en usage dans toute la contrée, après qu'elles eurent remplacé la drachme parthe que l'on avait transformée elle-même en *denarius* géorgien [3].

Les deniers de fabrique géorgienne rappellent un peu, pour le style, les médailles des Cotys, des Rhadameadis, des Rhescuporis, rois du Bosphore Cimmérien, qui sont, au surplus, de la même époque, et qui ont été frappées aussi à l'imitation des deniers romains [4]. Nous allons donner la description d'un type très-barbare d'une imitation géorgienne de la médaille de Caïus et de Lucius, dont nous devons la communication à l'excessive obligeance du général de Bartholomæi :

Légende barbare indéterminée.—Tête tournée à droite; grènetis au pourtour.

℟. Deux personnages debout; entre eux, deux boucliers, le simpule et le bâton d'augure très-défigurés; grènetis au pourtour.

Billon. Cabinets de France et de l'Ermitage. — Pl. II, n° 4.

Bien qu'il soit de toute impossibilité de tirer aucun parti de la

---

[1] Bartholomæi, *Lettres*, IV, p. 24.

[2] Cohen, *Descript. des monn. de l'Emp. rom.* t. I, p. 52, nᵒˢ 86-88.

[3] Bartholomæi, *Lettres*, IV, p. 25 et suiv.

[4] *Description des monnaies du Bosphore Cimmérien* (en russe), par le pr. Sibirsky.

légende figurée au droit de cette pièce, et qui a été tracée par le
graveur géorgien dans le but d'imiter l'inscription figurée sur le
prototype romain, dont il ne comprenait pas le sens, le général de
Bartholomæi n'a pas hésité à attribuer cette médaille et ses variétés
à la Géorgie, car c'est seulement dans les contrées situées au sud de
la chaîne du Caucase qu'on les rencontre, ce qui est la preuve évidente qu'elles étaient frappées à l'usage exclusif des populations de la
Transcaucasie. Selon le même savant, l'émission de ces deniers géorgiens dut commencer bientôt après l'apparition du denier d'Auguste
dans le nord-est de l'Asie Mineure, et elle s'est continuée pendant une
bonne partie du IIe siècle de notre ère[1]. En rapprochant le type de ces
deniers barbares d'un renseignement assez vague que le prince Theï-
mouraz a fourni à M. Brosset[2], il semble assez naturel de supposer
que ce sont les pièces en question que le prince géorgien a désignées
sous le nom de *monnaies païennes*, et sur lesquelles il avait prétendu lire
en caractères khoutsouri la légende suivante : *Pour nous deux*, ou *en
l'honneur de nous deux*. Loin d'admettre cette assertion, nous croyons
plutôt que le prince, frappé de la présence de deux personnages sur
d'anciennes monnaies qu'il avait parfaitement reconnues avoir été frappées en Géorgie, à une époque antérieure à l'introduction du christianisme, en aura conclu que les légendes devaient s'appliquer à la
représentation des deux personnages figurés au revers de ces monuments numismatiques. Cette conjecture nous amène directement à
rapporter un passage des Annales où le rédacteur parle de la préten-
due vassalité imposée par Artaschès II, roi d'Arménie, à Azorc et à
Armazel, qui occupèrent ensemble le trône de Géorgie, de l'an 87 à
l'an 103 de notre ère. L'annaliste raconte que « ces deux monarques,
« ayant été vaincus par Artachan, roi d'Arménie, s'engagèrent à frap-
« per monnaie dans leur capitale à l'effigie de leur vainqueur[3]. » Cette
assertion de l'écrivain géorgien n'est point exacte, car nous savons,

[1] Bartholomæi, *Lettres*, IV, p. 25 et suiv.
[2] Journal asiatique (1836), *Dissert. sur
les monn. géorg.* p. 35.

[3] Brosset, *Histoire de la Géorgie*, t. I,
p. 71 ; *Revue de numismatique géorgienne*,
p. 16.

d'une manière positive, qu'à l'époque d'Artaschès II, les rois d'Arménie, depuis longtemps déjà, ne frappèrent plus de monnaies, puisque les derniers monuments numismatiques de la dynastie arsacide d'Arménie s'arrêtent au règne de Tigrane III et d'Erato [1]. Il est donc probable que les prétendues monnaies qu'Azorc et Armazel auraient fait fabriquer au nom d'Artaschès II, et que l'annaliste signale dans le cours de sa narration, sont ces deniers barbares imités des pièces d'Auguste frappées avec les types des césars Caïus et Lucius, et qu'il aura attribués aux rois de Géorgie, parce qu'il supposait que les figures du revers représentaient les deux Arsacides, et que la tête du droit de la pièce s'appliquait au roi d'Arménie. Quoi qu'il en soit, nous ne pouvons nous empêcher de remarquer que beaucoup des imitations barbares du denier d'Auguste ont été fabriquées précisément à l'époque que l'annaliste assigne pour les règnes d'Azorc et d'Armazel.

Les imitations géorgiennes du denier d'Auguste dont l'émission a dû cesser, ainsi que nous l'avons dit plus haut, dans le courant du IIe siècle de notre ère, les médailles impériales et des villes coloniales circulèrent dans la Transcaucasie jusqu'à l'époque des Trente Tyrans. A dater de ce moment, le numéraire romain était tellement déconsidéré en Asie, qu'il ne fut pas difficile aux Sassanides, dont la puissance avait acquis en peu de temps de rapides développements, de faire accepter par les Géorgiens leur drachme d'argent pur. Cette monnaie, dont l'émission se continua avec régularité, et qui conserva toujours son unité et sa pureté, jouit d'une immense faveur dans la Transcaucasie, depuis le moment où elle remplaça le denier romain tombé en discrédit à cause de son alliage, jusqu'à l'époque où la puissance sassanide commença à décliner à la suite de la croisade que l'empereur Héraclius dirigea en personne contre Khosrou II Parviz [2].

[1] *Notre Numismatique de l'Arménie dans l'antiquité*, p. 38 et suiv. pl. III, n° 5. — [2] Bartholomæi, *Lettres*, XV, p. 63.

CHAPITRE PREMIER.

Le monde savant s'est fort préoccupé, dans ces dernières années surtout, des monnaies frappées en Géorgie à l'imitation des drachmes sassanides, et, jusqu'à présent, les numismatistes n'ont pu tomber d'accord sur l'attribution de plusieurs de ces pièces. L'illustre Fræhn est le premier auteur qui ait décrit une médaille géorgienne imitée du type sassanide. Après lui, MM. Dorn, Brosset, le prince Barataïeff, et en dernier lieu le général de Bartholomæi, ont fait connaître plusieurs monuments nouveaux, et ont essayé de les classer d'après d'ingénieux systèmes, consignés dans des dissertations fort habilement traitées. Nous ne rappellerons pas ici les différentes opinions énoncées par chacun des savants que nous avons nommés; d'ailleurs il importerait peu au lecteur de connaître les débats scientifiques auxquels ces médailles ont donné lieu[1]; qu'il lui suffise de savoir que, dans l'état actuel de la question, ces médailles ont été frappées en Géorgie, puisqu'elles portent des légendes en caractères *khoutsouri*, et non point arméniens, comme l'a prétendu à tort M. de Longpérier[2]; qu'elles ont été émises, à l'imitation des monnaies sassanides, vers la fin du vi^e et au commencement du viie siècle de notre ère, c'est-à-dire au moment où la dynastie de Sassan tombait en décadence, et qu'enfin elles sont une preuve de l'état d'indépendance que les Géorgiens avaient conquis à cette époque, puisque leurs princes jouissaient des droits régaliens et particulièrement de celui de battre monnaie.

I.

Chute de la dynastie khosroïde de Géorgie et organisation des éristhawats indépendants.
(570-575.)

Après le règne du khosroïde Bakour (Bakar) qui, d'après les cal-

---

[1] Brosset, *Introd. aux lettres num. du général de Bartholomæi*, p. 1 et suiv.

[2] A. de Longpérier, *Essai sur les médailles des rois Sassanides*, p. 86.

culs du savant éditeur de l'Histoire de la Géorgie [1], occupa le trône de
l'an 557 à l'an 570 de notre ère, il y eut un interrègne de plusieurs
années, pendant lequel les éristhaws géorgiens, profitant des troubles
intérieurs de la Perse, se déclarèrent indépendants, chacun dans son
domaine. Les Annales nationales donnent, à ce sujet, des détails cir-
constanciés que nous allons reproduire :

« Ourmizd (Hormisdas IV), roi de Perse, avait donné le Ran et le
« Mowacan à son fils, Kasré Ambarwez (Khosróu II Parviz), qui vint
« résider à Bardav, et entama des négociations avec les éristhaws de
« Géorgie. Par la promesse de grandes faveurs et par la concession
« écrite de l'hérédité de leurs domaines pour leurs enfants, et par ses
« flatteries, il les séduisit au point qu'ils se déclarèrent indépendants,
« chacun de son côté. Ils payèrent tribut à Kasré Ambarwez, tandis que
« les fils de Bakour restèrent dans la partie montueuse du Cakheth (ou
« du Mthiouleth [2]), et que ceux de Mirdat (Mithridate), fils de Wakh-
« tang, maîtres du Clardjeth et du Djawakheth, se retranchèrent dans
« les rochers du Clardjeth. Tout le reste de la Géorgie, l'Arménie et le
« Vasbouragan furent occupés par les Perses, en guerre avec les Grecs.
« Quelques années après il y eut de grands troubles en Perse; le roi
« des Turcs vint dans ce pays, tandis que les Grecs firent la guerre du
« côté de la Mésopotamie, en chassèrent les Perses, entrèrent dans l'em-
« pire (des Sassanides) et commencèrent à le ravager. Abandonnant
« alors la Géorgie et le Ran, Kasré Ambarwez s'en alla au secours de
« son père. Les Perses étant ainsi occupés, les éristhaws géorgiens du
« haut et du bas pays (c'est-à-dire du Karthli et de l'Aphkhazeth) s'en-
« tendirent pour envoyer un ambassadeur à l'empereur grec, et le con-
« jurèrent de leur choisir un souverain de la race des rois de leur pays,
« en laissant toutefois les éristhaws inamovibles dans leurs domaines.
« L'empereur (Justin II) y consentit, et leur donna pour roi un fils de
« la sœur de Mirdat, nommé Gouaram, qui commandait alors dans le
« Clardjeth et le Djawakheth [3]. »

[1] Brosset, *Hist. de la Géorg.* t. 1, p. 214.
[2] Selon Wakhoucht, p. 38.
[3] Brosset, *Histoire de la Géorgie*, t. I, p. 215 et suiv.

C'est aux éristhaws dont il est question dans ce passage des Annales que nous attribuons les monnaies suivantes :

1. ١Ｓｅｊｎ ６ｂｎ, pour ١Ｓｅｊｎ ３Ｓ６ｂｎｊｎ. — *Hormisdas Auguste.* — Buste tourné à droite, la tête ceinte d'une couronne sur le devant de laquelle est un croissant; dans le champ, des croissants et des globules. Sur la marge de la médaille et en dehors du grènetis, le monogramme **ԼԲ**, *Gourgen*, et trois étoiles dans des croissants.

℞. Légende pehlvie abrégée de celle du prototype, portant l'indice de l'an 7 du règne d'Hormisdas. — Pyrée entre deux figures debout et vues de face; grènetis au pourtour.

Drachme d'argent; deux variétés. — Pl. II, n°⁸ 5 à 7.

Collections du prince Barataïeff et du général de Bartholomæi.

Barataïeff, *Documents numismatiques de la Géorgie*, part. I, p. 34 et suiv. Pl. II, 2, 3, 4. — Brosset, *Revue de numismatique géorgienne*, p. 20 et suiv. — *Bulletin de l'Académie des sciences de Saint-Pétersbourg*, section historico-philologique, t. I, p. 33, avec pl. Dorn, *Versuch einer Erklärung von drei Münzen mit sassan. Gepräge*, et t. XIV, p. 255. — *Mémoires de la Société d'archéologie de Saint-Pétersbourg*, t. I, p. 42 et suiv. — Bartholomæi, *Lettres numismatiques et archéologiques*, I et suiv. Pl. I, 1.

---

2. ١Ｓｅｊｎ ６ｂｎ. — *Hormisdas Auguste.* — Buste tourné à droite, comme ci-dessus. Sur la marge de la médaille, en dehors du grènetis, le monogramme **ԻԲԼ**, *Wakhtang*, entre deux étoiles. Trois autres étoiles dans des croissants.

℞. Date pehlvie illisible (l'an 7). — Pyrée entre deux figures debout, vues de face; grènetis au pourtour.

Drachme d'argent. — Pl. II, n° 8.

Collection Barataïeff.

Barataïeff, part. I, p. 47 et suiv. pl. II, n° 5. — Brosset, *Revue*, p. 20 et suiv. — *Bulletin de l'Académie de Saint-Pétersbourg*, t. I, p. 33.

La lecture du nom de Wakhtang, que le prince Barataïeff fixa le premier, est incontestable, puisque le même monogramme se retrouve sur d'autres monnaies d'une époque très-postérieure, qui ont été frap-

pées par Wakhtang III, fils de Démétré III (1301-1304), et que nous
donnerons plus loin; seulement ce savant avait attribué la pièce en
question à Wakhtang-Gourgaslan, en appuyant sa conjecture sur des
raisons qu'il serait oiseux de rappeler, puisqu'elles sont aujourd'hui
entièrement abandonnées.

C. MONNAIE DE L'ÉRISTHAW DJ.....O (DJAWAKHOS?), IMITÉE D'UNE DRACHME D'HORMISDAS IV,
DE L'AN 7.

3. ᲘᲡᲔ[Ა] ᎩᏴᎷ. — *Hormisdas Auguste.* — Buste tourné à droite, comme ci-
dessus. Sur la marge de la médaille, en dehors du grènetis, le monogramme
ЯРО, *Dj*.....*o*, et trois étoiles dans des croissants.

R. Date en pehlvi (l'an 7). — Pyrée entre deux figures debout et vues de face;
grènetis au pourtour.

Drachme d'argent. — Pl. II, n° 9.
Collection Barataïeff.

Barataïeff, part. I, p. 29 et suiv. pl. II, 1. — Brosset, *Revue*, p. 41 et suiv. — *Mémoires de la
Société d'archéologie de Saint-Pétersbourg*, t. I, p. 41. — Bartholomæi, *Lettres numismatiques*,
II et suiv.

Les imitations géorgiennes du type sassanide sont extrêmement
rares, et, aujourd'hui encore, on n'en connaît que cinq types différents,
qui sont les drachmes frappées par les trois éristhaws Gourgen,
Wakhtang et Dj.....o, et celles des deux premiers Bagratides, Gouaram couropalate et Stéphanos Iᵉʳ, son fils. Nous avons vu que les premières ont été copiées d'une drachme frappée l'an 7 du règne d'Hormisdas IV, tandis que les autres ont pour prototype les monnaies de
l'an 1 du règne de Varahran VI, et de l'an 2 de celui de Khosrou II.
Ces indications nous permettent non-seulement de fixer avec certitude
l'attribution des différentes monnaies que nous venons de mentionner,
mais encore elles nous mettent à même de préciser l'époque exacte
de l'émission des drachmes de fabrique géorgienne. Il est inutile de
faire remarquer que les pièces dont il s'agit n'ont dû apparaître que
quelque temps après la mise en circulation de leurs prototypes sassanides, et alors qu'un séjour assez prolongé de ces pièces dans la Géor-

gie avait familiarisé les populations avec des représentations consacrées par un long usage. Il serait donc superflu de nous étendre davantage sur cette question, puisqu'il est clairement établi que les drachmes frappées en Géorgie, à l'imitation du numéraire sassanide, sont postérieures aux règnes d'Hormisdas IV, de Varahran VI et de Khosroù II, dont les monnaies sont classées aujourd'hui avec une entière certitude, depuis que les savants sont parvenus à déchiffrer les dates des années des règnes, ce qui a permis d'éviter des confusions dans l'attribution des médailles des rois homonymes [1].

On a déjà remarqué que les monnaies géorgiennes décrites précédemment portent sur la face des monogrammes, où nous avons reconnu les appellations de trois personnages différents. Cependant, avant nous, d'ingénieuses conjectures avaient été proposées par d'habiles et savants numismatistes, qui voyaient dans ces sigles, les uns, des noms de rois, les autres, des noms de pays, ou bien encore des invocations religieuses. Ainsi, le prince Barataïeff avait attribué à Wakhtang-Gourgaslan les médailles avec les monogrammes ᲗᲚ et ᲗᲮᲑᲚ, tandis que le général de Bartholomæi inclinait en faveur d'un ethnique. Le monogramme ᲞᲝ, placé en chef de la drachme jusqu'à présent unique de la collection Barataïeff, avait engagé son possesseur à l'attribuer au roi Djouancher, qui, selon les calculs des chronographes géorgiens, occupa le trône de l'an 718 à l'an 787 de notre ère. Cette opinion, soutenue par M. Brosset et par nous [2], fut vivement attaquée par le général de Bartholomæi, qui développa, dans plusieurs mémoires, les raisons qui l'empêchaient d'admettre cette attribution [3]. En effet, à la seule inspection du monument, et par la comparaison qu'il fit de la médaille en question avec son pro-

---

[1] Olshausen, *Die Pehlvi-Legenden auf den Münzen der leizten Sasaniden, etc.* dans le *Zeitschrift der deutschen morgenl. Gesells.* t. VIII; Mordtmann, *Erklärung der Münzen mit Pehlvi-Legenden; Mélang. asiat. de l'Acad. des sciences de Saint-Pétersbourg,* t. III; Bartholomæi, *Lettres à M. Dorn, etc.*

[2] Brosset, *Revue,* p. 41 et suiv. *Notre Numismatique de la Géorgie au moyen âge,* p. 13 et suiv.

[3] Bartholomæi, *Classement des médailles géorgiennes au type sassanide* (Saint-Pétersbourg, 1847); *Mélanges asiat.* t. III, p. 93 et suiv.

totype sassanide, ce savant numismatiste avait reconnu, de prime
abord, que la drachme avec le sigle ⲢO, ne pouvait avoir été fabriquée que très-peu de temps après le règne d'Hormisdas IV, dont elle
était imitée, raison capitale qui excluait la possibilité de l'attribuer au
règne de Djouancher. Le général de Bartholomæi, après avoir cherché à découvrir si le monogramme ⲢO, ne cacherait pas un ethnique,
abandonna bientôt ce système, et formula une autre opinion, que l'on
trouve développée fort au long dans sa correspondance numismatique[1]. Le savant numismatiste russe, en adoptant en principe la lecture que le prince Barataïeff avait proposée, ⲢO, = DJO, et en
rapprochant cette abréviation d'un sigle qui figure en tête d'une inscription gravée sur le mur extérieur de l'église de Djwari-Patiosani,
« la croix vénérable, » antique basilique chrétienne élevée non loin de
Mtzkhétha, par Démétré, Stéphanos II et Adarnasé, vassaux de l'empire
grec au viie siècle de notre ère[2], crut voir encore, dans le sigle en
question, l'invocation pieuse ჯ3ს6ჾჯ, « ô croix! » En effet, l'inscription,
bien que légèrement mutilée dans sa partie supérieure, commence
par cette formule chrétienne, qui semble indiquer que, lors des campagnes d'Héraclius en Asie, le culte du bois vivifiant était hautement
professé en Géorgie :

[Ⴒ]Ⴍ ჼႢႭ	O croix du
ႠႭჼჁ჻ჼႶჁႢ	Sauveur, aie
ႭჁႼჂჇჅჀჄ჻Ⴍ	pitié de
ჁჀჼჃჄႠჼჁჼႦ	Stéphanos,
ჼႡჼႼჅჄჀ	patrice du
ჅჼႭႡჼჯჄ	Karthli !

A l'appui de son interprétation, le général de Bartholomæi insistait
sur l'impossibilité qu'il y aurait à attribuer au roi Djouancher une
médaille dont le style dénote une fabrication antérieure de deux siècles
environ au règne de ce prince, qui ne battit vraisemblablement point
de monnaies, puisque, de son temps, les drachmes imitées du type

---

[1] Bartholomæi, *Lettres*, XXXII, p. 106. — [2] Brosset, *Rapports*, I, p. 47 et suiv. Bartholomæi, *Lettres*, XXII, p. 77 et suiv.

sassanide par les ispehbeds du Taberistan, contemporains de Djouancher,
et notamment les pièces de Kourschid, présentent des caractères bien
différents, quant au style et à la fabrication. Nous savons en outre
d'une manière positive que, durant le règne de Djouancher, la monnaie courante de la Géorgie se composait, en majeure partie, de dirhems
frappés à Tiflis par le khalife ommiade Abd ul-Melik[1]. Cependant le général de Bartholomæi, bien que fortement enclin à interpréter le sigle
ᲤᲝ par l'invocation ჯუარო, ne pouvait se dissimuler combien lui
paraissait étrange une semblable prière sur une monnaie où le signe
de la croix n'a pas même été figuré, et, dans une des lettres qu'il
nous fit l'honneur de nous adresser, il déclara que le monogramme
ᲤᲝ ne pouvait désigner qu'un nom de personnage. C'est alors que
le savant général proposa de lire l'abréviation en question par Djawakhos, d'autant plus que le sigle ᲤᲝ, tel qu'il est figuré sur la médaille, peut aussi bien se lire ᲤᲝᲡ que ᲤᲝ. La décomposition du
sigle ᲤᲝ en trois lettres est, au surplus, très-rationnelle, puisqu'elle
renferme les éléments principaux d'un nom de personnage historique-
ment connu, et qui aura été, très-vraisemblablement, usité assez souvent par les Géorgiens, puisque c'était l'appellation de l'un des anciens
patriarches de la nation[2].

Quoi qu'il en soit du nom de Djawakhos, les savants sont aujourd'hui
d'accord sur ce point, que le sigle ᲤᲝ ou ᲤᲝᲡ ne peut désigner
qu'un nom de personnage analogue à Gourgen et à Wakhtang, dont
nous avons décrit les monnaies. Mais si l'on admet en principe que le
sigle ᲤᲝ ou ᲤᲝᲡ tient lieu d'un nom de personnage, on n'est
point suffisamment autorisé, croyons-nous, à identifier ce sigle avec le
nom de Djouancher, puisqu'il n'y a aucun exemple, ni dans les inscriptions, ni sur les médailles, d'une semblable abréviation. Le général
de Bartholomæi a fait observer, avec son tact habituel, que lorsque les
Géorgiens abrégeaient un nom, ils n'employaient que des consonnes
et, le plus souvent, ils n'inscrivaient que la première et la dernière

[1] Barataïeff, *Introd. aux doc. numism. de
la Géorgie*, p. 5.

[2] Brosset, *Histoire de la Géorgie*, t. I,
p. 22.

lettre de l'appellation, comme, par exemple, ⳑⰁ pour Gourgen. S'il s'était agi d'abréger le nom de Djouáncher, ils auraient mis en chef de la médaille qui nous occupe, soit ⳘⳐⰁⳒⴅ, soit ⳘⳒⴅ, soit enfin Ⳙⴅ. Et, en effet, c'est pour se conformer à cette règle que le général de Bartholomæi a penché un instant pour l'interprétation du sigle Ⳙⱁ par ჯუანშე, dont l'abréviation a été ainsi formulée dans l'inscription de l'église Djwari-Patiosani. En résumé, les sigles qui se lisent sur les monnaies frappées en Géorgie, à l'imitation du type sassanide, ne peuvent se rapporter qu'à des personnages qui ont exercé la puissance souveraine. Nous allons essayer de prouver maintenant que ces personnages ne sont autres que les éristhaws, qui firent acte de souveraineté, dans la seconde moitié du vi° siècle, en s'affranchissant du joug de la Perse.

L'apparition des monnaies portant des monogrammes géorgiens a suivi presque immédiatement l'émission et la circulation en Géorgie des médailles d'Hormisdas IV, de l'an 7. Cependant, à cette époque, aucun souverain géorgien ne s'est appelé Gourgen, Wakhtang et Dj.....os (*Djawakhos?*); et on sait, en outre, que les derniers khosroïdes, étant soumis au joug de la Perse, ne jouissaient pas du droit de frapper monnaie. Mais les Annales de la Géorgie constatent, pour cette même époque, une série d'événements très-importants, et qui sont une révélation pour l'explication des médailles : ce sont la mort de Bakour, suivie d'un interrègne, la fuite de ses enfants, l'alliance avec les Grecs contractée par les éristhaws géorgiens qui avaient secoué le joug de la Perse, et leur indépendance reconnue. En présence de ces faits, n'est-il pas logique de supposer que, puisque les monnaies en question ont été frappées au moment même où ces événements venaient de s'accomplir, elles doivent être attribuées aux éristhaws dont l'histoire fait mention? Il est vrai que l'annaliste ne nous a pas transmis leurs noms, et que c'est à l'aide de conjectures que l'on parvient à déchiffrer leurs monogrammes sur les médailles; mais ces conjectures se changent en certitude, quand on considère que les noms de Gourgen et de Wakhtang étaient très-répandus en Géorgie. Le texte des Annales prouve, en effet, que le nom de Gourgen fut commun à plusieurs éristhaws; ainsi un Gourgen fut éristhaw des éristhaws en 941, un autre en 968. En 1008, un roi de Géorgie s'appelait Gourgen [1]. Constantin Porphyrogénète cite un certain Gourgen, Κουρκένιος, qui possédait la ville d'Artanoudj et eut pour successeur, en 921, un prince du même nom, qualifié du titre de Magistros (*magister officiorum seu militiæ*)[2]. Le nom de Wakhtang se trouve, pour ainsi dire, à chaque page de l'histoire de Géorgie; c'est au surplus l'appellation donnée par les annalistes au héros national du pays [3], et qui fut portée dans la suite par plusieurs rois, même à une époque très-rapprochée de nous [4]. Quant à l'appellation cachée sous le sigle ЯO ou ЯOb, nous croyons qu'avant de se prononcer d'une manière définitive pour la lecture Djawakhos, il est peut-être prudent d'attendre qu'un texte historique ou une inscription vienne nous mettre sur la voie de la solution de ce problème.

II.

Les premiers Bagratides. — Gouaram couropalate (575-600).

Lorsque la dynastie des Khosroïdes eut cessé de régner sur la Géorgie, après la mort de Bakour III (570), les éristhaws du pays, qui s'étaient déclarés indépendants, s'adressèrent à l'empereur de Constantinople, avec lequel ils avaient fait alliance contre la Perse, pour qu'il leur donnât un prince pour les gouverner. L'empereur leur désigna Gouaram, issu par sa mère des anciens rois du pays, mais descendant, par son père, de l'antique race des Bagratides, et qu'il créa couropalate, titre qui correspondait à celui de maréchal du palais impérial. Ce prince, pour complaire aux Grecs, suscita des embarras aux Perses,

[1] Brosset, *Hist. de la Géorg.* t. I, p. 292, 297 et *passim.*

[2] Const. Porphyr. *De adm. imp.* c. XLVI; cf. aussi Brosset, *Hist. de la Géorg.* t. I, addit. p. 148.

[3] Brosset, *Hist. de la Géorg.* t. I, p. 148 et suiv.

[4] Brosset, *Hist. de la Géorgie*, 2ᵉ partie, p. 23 et suiv.

attira contre eux les peuples du Nord, et profita des troubles causés par cette invasion pour fortifier ses villes et ses châteaux. Khosrou II Parviz, qui régnait alors en Perse, s'étant débarrassé de tous ses ennemis et ayant renversé Varahran VI Tchoubin, qui s'était révolté contre Hormisdas IV, son père, se disposa à envahir la Géorgie, pour tirer vengeance de Gouaram. Mais l'empereur Maurice, ayant obtenu la cession complète de la Géorgie et agissant comme suzerain du pays, imposa sa médiation entre Gouaram et Khosrou II, et la paix fut rétablie. Gouaram mourut en 600 [1].

D. MONNAIE DE GOUARAM COUROPALATE, IMITÉE D'UNE DRACHME DE VARAHRAN VI, FRAPPÉE LA PREMIÈRE ANNÉE DE SON RÈGNE = 591 DE L'ÈRE CHRÉTIENNE.

6. ساسناب سويعس. — *Varahra[n] Auguste.* — Buste barbare, tourné à droite, la tête ceinte d'une couronne, l'oreille ornée d'un pendant. Sur la marge de la médaille, en dehors du grènetis, un globe céleste et trois étoiles dans des croissants.

℞. Légende pehlvie illisible. — Pyrée surmonté d'une croix sur les branches de laquelle on distingue deux croissants. Deux figures debout et vues de face de chaque côté du pyrée; grènetis au pourtour.

Drachme d'argent. — Pl. II, n° 10.
Collection Bartholomæi.

Bartholomæi, *Communication à la Société d'archéologie de Saint-Pétersbourg*, t. I, p. 42. — Classement des médailles géorgiennes au type sassanide, au point de vue de l'art. — *Lettres numismatiques*, II, p. 9, pl. I, 3. — *Bulletin histor.-phil. de l'Académie des sciences de Saint-Pétersbourg*, t. I, p. 33, pl. n°s 3 et 4. — Brosset, *Revue*, p. 29.

Les monnaies géorgiennes imitées du type sassanide, que nous avons étudiées précédemment, ne portaient pas de symboles chrétiens; elles étaient copiées servilement des drachmes d'Hormisdas IV, dont elles ne différaient que par l'addition d'un monogramme géorgien. Cependant, à partir de l'époque de Gouaram couropalate, fondateur de la dynastie bagratide et allié des Grecs, le type de la croix remplaça le

[1] Brosset, *Hist. de la Géorg.* t. I, p. 216 et suiv.

4.

feu sur les autels qu'on remarque au revers des monnaies sassanides.
En effet, rien n'empêchait les princes géorgiens de modifier les anciens
types religieux de la Perse, puisque déjà, depuis plusieurs années, la
puissance sassanide était à son déclin, et qu'ils avaient pour allié l'empereur grec de Byzance, dont ils furent considérés comme les vassaux
pendant un temps assez long.

La drachme que nous attribuons à Gouaram est unique, et, quoiqu'elle ne porte point de nom ou de monogramme qui aide à fixer
d'une manière positive son attribution, nous croyons qu'il n'est pas possible de la donner à un autre prince qu'au premier roi bagratide
géorgien. En effet, l'ordre dans lequel les monnaies sassanides ont été
copiées en Géorgie est parfaitement suivi; et comme celle qui nous
occupe en ce moment est imitée d'une drachme de Varahran VI, de
l'an 591, elle a dû nécessairement être fabriquée peu de temps après
l'émission de cette monnaie. On sait que l'usurpation de Varahran fut
de courte durée, et que, par conséquent, le numéraire qu'il fit fabriquer n'a dû être imité en Géorgie que pendant un espace de temps
très-limité. Or, comme le règne de Varahran VI coïncide avec celui de
Gouaram, il est naturel de supposer que les imitations de la drachme
de Varahran n'ont pu être frappées que par Gouaram couropalate. On
sait aussi que Khosrou II Parviz reconquit le trône sur Varahran, du
vivant même de Gouaram, et, en effet, la monnaie de Khosrou II, qui
remplaça bien vite celle de l'usurpateur, servit de prototype aux pièces
que Stéphanos Ier, fils et successeur de Gouaram, fit frapper pendant
son règne. Il est vrai que Stéphanos imita aussi les drachmes d'Hormisdas IV, de l'an 7; mais il se garda bien de prendre pour type de
ses monnaies les drachmes de Varahran, qui furent vraisemblablement
démonétisées aussitôt après l'avénement de Khosrou II.

Stéphanos Ier (600-627?).

Ce prince succéda à Gouaram, non pas avec le titre de couropalate
qu'avait porté son père; il prit celui de mthawar des éristhaws, du
dignité toute nationale que ses successeurs abandonnèrent bientôt pour

se décorer du titre de roi. Les événements qui s'accomplirent sous le règne de Stéphanos sont longuement racontés dans les Annales[1]; il était contemporain de Phocas, d'Héraclius et de Khosrou II. Quand ce dernier eut à soutenir une guerre contre Phocas, Stéphanos entra dans la ligue des Perses avec le prince bagratide arménien Sempad, ce qui lui attira la haine des Grecs[2]; aussi Héraclius, lors de ses campagnes en Asie, vint-il mettre le siége devant Tiflis[3]. Il paraît que le sort des armes fut fatal à Stéphanos, car Héraclius ne tarda pas à le chasser de ses États; il le remplaça par un prince issu des anciens dynastes du pays, le khosroïde Adarnasé, qui fut nommé mthawar de la Géorgie[4], ou mieux encore consul, comme nous l'apprend une inscription gravée sur les murailles de l'église de Djwari-Patiosani[5].

E. MONNAIE DE STÉPHANOS Ier, IMITÉE D'UNE DRACHME D'HORMISDAS IV, FRAPPÉE L'AN 7 DE SON RÈGNE = 586 DE NOTRE ÈRE.

7. [illegible]. — *Hormisdas Auguste.* — Buste tourné à droite, la tête ornée d'une couronne sur le devant de laquelle est un croissant. Sur la marge de la médaille, en dehors du grènetis, **ႱႴႬႱ** pour სტეფანოს, *Stéphanos*, dans des croissants.

℞. Légende pehlvie illisible (l'an 7). — Pyrée surmonté d'une croix, entre deux figures debout et vues de face; double grènetis.

Drachme d'argent. — Pl. II, n° 11.
Collection Barataïeff.

Bulletin histor.-philol. de l'Académie des sciences de Saint-Pétersbourg, t. V, p. 225. — Barataïeff, part. I, pl. 1, n° 4, p. 22 et suiv. 69 à 112. — Bartholomæi, *Lettres*, II, III, VII, XII, XXVI, XXXII, pl. I, 4.

---

[1] Brosset, *Hist. de la Géorg.* t. I, p. 223 et suiv. 228, note 3.

[2] Lebeau, *Histoire du Bas-Empire*, t. X, p. 383, 421 et suiv.

[3] Brosset, *Hist. de la Géorg.* p. 226; Guiragos, Moyse Gagh'angadouatzi et Mékhitar d'Aïrivank, *Chroniq.* Dosithée, *Histoire des Patriarches de Jérusalem*; Lebeau, *Histoire du Bas-Empire*, t. XI, p. 91-160.

[4] Brosset, *Histoire de la Géorgie*, t. I, p. 227.

[5] Brosset, *Rapports*, I, p. 48, 2; Bartholomæi, *Lettr. num.* XXII, p. 79.

F. Monnaie de Stéphanos Ier, imitée d'une drachme de Khosrou II Parviz, frappée l'an 2 de son règne = 592 de notre ère.

8. ႱႲႤႴ ႠႬႭႱ. — *Stéphanos.* — Buste tourné à droite, la tête ornée d'une couronne accostée de deux étoiles; sur la marge de la médaille, en dehors d'un double grènetis, un astre et trois étoiles dans des croissants.

R͏̸. Pyrée surmonté d'une croix, entre deux figures debout et vues de face. Sur la marge de la médaille, en dehors d'un triple grènetis, quatre étoiles dans des croissants.

Drachme d'argent; une variété. — Pl. II, nos 12 et 13.
Collections Barataïeff et Bartholomæi.

Fræhn, *Novæ symbolæ ad rem num. Muham. spect.* p. 46, n° 15. — *Bulletin histor.-philol. de l'Académie des sciences de Saint-Pétersbourg*, t. I, p. 38, 40; t. II, n° 18, pl. A. — Barataïeff, part. I, p. 17, 62 et suiv. pl. I, 1, 3. — Journal asiatique (1836), Brosset, *Dissertation sur les monnaies géorgiennes*, p. 9. — *Revue numismatique géorgienne*, p. 33 et suiv. — Bartholomæi, *Lettres*, II, III, VII, XII, XXVI, XXXII, pl. I, 5.

Les médailles avec le nom de Stéphanos, bien qu'elles présentent des différences de type assez notables, ne peuvent être attribuées qu'à un seul et même personnage, et les numismatistes n'hésitent plus aujourd'hui à les ranger au règne de Stéphanos Ier, parce que ce prince, qui vivait peu de temps après l'émission des drachmes d'Hormisdas IV et de Khosrou II, a imité la monnaie qui avait cours encore de son temps. On ne peut donc plus aujourd'hui chercher à reporter les médailles qui offrent le nom abrégé ou complet de Stéphanos, au deuxième souverain de ce nom, car on sait positivement que, si ce prince eût fait frapper du numéraire, il n'aurait pas copié des types anciens et oblitérés, mais il aurait très-vraisemblablement imité la monnaie byzantine d'Héraclius qui, de son temps, circulait en abondance dans son royaume, puisque la Géorgie faisait partie à cette époque des provinces soumises à l'autorité des empereurs de Constantinople[1]. Nous savons au surplus que Stéphanos II, qui avait été créé patrice par la cour de Byzance[2], dignité qui n'entraînait point avec elle la puissance souveraine, n'a

[1] Brosset, *Hist. de la Géorg.* t. I, p. 227 et suiv.

[2] Brosset, *Rapports*, I, p. 47 et suiv., Bartholomæi, *Lettres*, XII, p. 48; XXII, p. 77 et suiv. pl. III, 2-3.

jamais battu monnaie, puisque ce droit était exclusivement réservé, ainsi que nous le verrons plus loin, aux souverains étrangers qui avaient été décorés des titres de couropalate, sébaste, césar et nobilissime. Enfin, comme aujourd'hui le sol de la Géorgie met tous les jours à découvert un nombre considérable de pièces d'argent byzantines frappées au type d'Héraclius et de ses successeurs, et où se lit invariablement l'invocation DEVS ADIVTA ROMANIS, on est autorisé à croire que ces médailles entraient pour une partie très-notable dans le numéraire en circulation dans la Transcaucasie, à l'époque de Stéphanos II et de ses successeurs.

Nous sommes directement amené à parler maintenant du numéraire des Héraclides byzantins, que nous savons avoir joui d'une grande faveur en Géorgie depuis les conquêtes d'Héraclius en Asie, jusqu'à la fin du viie siècle. Le général de Bartholomæi, qui a résolu avec un rare bonheur une foule de questions difficiles avec ce tact parfait qui distingue les véritables numismatistes, nous a fait observer, au sujet des monnaies des Héraclides, que le passage de Makrizi, concernant « les dirhems noirs forts de poids [1], » paraît se rapporter à ces grosses pièces d'argent byzantines toujours couvertes d'une patine noirâtre particulière à certaines monnaies d'argent trop chargées d'alliage. Makrizi, qui a établi une différence entre « les dirhems blancs anciens » et « les dirhems noirs forts de poids, » dit que les premiers portent le nom de *tabaris*. Or il ne paraît pas impossible que ces tabaris soient les anciennes monnaies des Sassanides, frappées à l'époque d'Hormisdas IV et de Khosrou II, dont le poids est inférieur à celui des pièces des Héraclides, et qui auraient reçu plus tard le nom sous lequel Makrizi les a désignées, parce que c'est dans le Taberistan que le type ignicole s'est maintenu le plus longtemps sur le numéraire, et où il était toujours accompagné de la légende pehlvie, ‏ممريولومم‎, *Taberistan*.

Ce fut vers la fin du viie siècle que la monnaie des Héraclides fut peu à peu remplacée en Géorgie par les dirhems coufiques, qui circulèrent dans le pays jusqu'au xie siècle. En effet, les Arabes commençaient à

---

[1] Makrizi, *Traité des monnaies musulmanes,* trad. de S. de Sacy, p. 6.

inonder l'Asie de leurs hordes; l'Arménie et les provinces de la Trans-caucasie ne tardèrent pas à être enlevées aux Grecs par les khalifes, qui, ayant pris Tiflis, y établirent une garnison, dès l'année 646 [1], et occupèrent cette ville jusque dans le courant du IXe siècle [2]. Au surplus, les monuments numismatiques viennent corroborer les témoignages historiques d'une manière formelle, car on connaît des dirhems des khalifes ommiades, frappés à Tiflis en 85 de l'hégire $=$ 704 de l'ère chrétienne, par Abd ul-Melik [3], et des dirhems abbassides, qui ont été aussi fabriqués dans cette ville, pendant les années 210 de l'hégire $=$ 825 de l'ère chrétienne [4], 248 de l'hégire $=$ 862 de l'ère chrétienne [5], 294 de l'hégire $=$ 906 à 907 de l'ère chrétienne [6], et 311 de l'hégire $=$ 923 de l'ère chrétienne [7]. Lorsque la puissance arabe eut considérablement diminué dans la Transcaucasie, et que Tiflis eut été rendue aux souverains nationaux, une ère nouvelle s'inaugura en Géorgie, et le monnayage bagratide parut pour la seconde fois, après une interruption de près de quatre siècles.

[1] Assogh'ig, *Hist. univ.* ms. arménien, 2ᵉ part. ch. II.

[2] Brosset, *Hist. de la Géorg.* t. I, p. 245.

[3] Bartholomæi, *Lettres*, XXX, p. 101.

[4] Tornberg, *Numi cufici,* p. 81, n° 321.

[5] Fræhn, *Beiträge,* p. 3.

[6] Tornberg, *Numi cufici,* n° 450.

[7] Fræhn, *Recensio,* p. 20**, n° 321.

CHAPITRE II.

MONNAIES DES BAGRATIDES, DEPUIS LA FIN DU Xe SIÈCLE JUSQU'À LA PREMIÈRE MOITIÉ
DU XIIIe SIÈCLE.

Nous avons dit que le monnayage national géorgien cessa brusquement à l'époque des invasions musulmanes, et fut interrompu pendant près de quatre siècles, c'est-à-dire jusqu'au moment où la puissance arabe ayant concentré en Syrie toutes les forces de l'islamisme, afin de les opposer aux Francs, qui accouraient en foule d'Occident pour conquérir les Lieux-Saints, on vit les Grecs de Byzance reparaître de nouveau dans la Transcaucasie, et y exercer leur suzeraineté. Durant ce long espace de temps, l'histoire de la Géorgie est racontée très-confusément dans les Annales, et l'obscurité que l'on remarque dans les récits des chroniqueurs peint assez exactement l'état de désordre auquel ce royaume était alors en proie. Vers la fin du Xe siècle, et au moment où les faibles successeurs de Gouaram couropalate, dont la famille s'était perpétuée dans le pays, ne régnaient plus que sur quelques contrées du Tao (Daïk), les gouverneurs d'Aphkhazeth firent passer dans une autre branche des Bagratides le pouvoir souverain. Cette nouvelle dynastie voulut rendre son indépendance à la Géorgie, qui était considérée par les Grecs comme une province de leur empire, depuis que Dawith (David) couropalate avait légué, en mourant, ses États à l'empereur Basile II (1001). A la suite de cette donation, la guerre n'avait pas tardé à éclater entre Giorgi Ier et l'empereur de Constantinople; il paraît même que le roi de Géorgie aurait été vaincu (1022). Cependant les Grecs laissèrent la couronne aux dynastes bagratides, à la seule condition que ceux-ci se déclareraient vassaux de l'Empire[1].

Les monnaies que les Bagratides frappèrent à Tiflis, à partir des dernières années qui précédèrent le XIe siècle, ne furent pas les seules qui

[1] Brosset, *Hist. de la Géorg.* t. I, p. 280 et suiv. et *Introduct.* p. LX.

eurent cours en Géorgie; car on vit circuler en même temps dans le pays une prodigieuse quantité de pièces byzantines, qui sont là pour attester les rapports suivis des Grecs et des Géorgiens. Les monnaies nationales, depuis la fin du xe siècle jusque dans le courant du xiie, sont, elles-mêmes, des imitations des monnaies byzantines. Tout ce numéraire, quelle qu'en fût la provenance, portait, chez les Géorgiens, le nom générique de *saphasé*, საფასჱ, terme qui s'applique à l'or, à l'argent et au cuivre, et qu'on trouve employé dans tous leurs livres. Quelquefois aussi la monnaie est désignée sous le nom de *phouli*, ჴული, qui n'est employé, du reste, que dans l'usage vulgaire[1].

Les monnaies grecques et géorgiennes circulèrent avec une égale faveur pendant les xie et xiie siècles, et, en effet, on a trouvé dans la Transcaucasie beaucoup de monnaies d'or de Romain Diogène, de Michel Ducas, de Nicéphore Botoniate, des trois Comnènes, Alexis, Jean et Manuel[2], et quelques monnaies d'argent des mêmes souverains. Le numéraire byzantin représentait en majorité la monnaie courante du pays; c'étaient des pièces anonymes de Jean Zimiscès, des monnaies de Romain Diogène et d'Eudoxie Dalassène, mêlées à du cuivre des différentes dynasties arabes, et principalement à des fels des Seldjoukides, des Atabeks de Mossoul et de l'Adherbeidjan, et à des pièces coufiques anciennes[3].

Cette quantité de numéraire byzantin, jointe à l'influence artistique qu'il exerça sur la fabrication des monnaies nationales, donna naissance à des appellations presque toutes empruntées à l'idiome grec; ainsi les monnaies d'or portaient, en Géorgie, du xe au xiie siècle, les noms de *doucati*, დუკატი, ou დუქატი, et de *botinati*, ბოტინატი, qui sont usités dans le style de la chancellerie géorgienne au moyen âge[4], et dans les

---

[1] Voyez, dans le Journal asiatique (1835), la *Dissertation sur les monnaies géorgiennes*, par le prince Theimouraz, traduite et annotée par M. Brosset.

[2] Bartholomæi, *Lettres*, III, p. 16-19.

[3] *Ibid.* p. 20.

[4] *Mém. de l'Acad. des sciences de Saint-Pétersbourg*, 6e série, t. IV, p. 363, Testament attribué à Dawith le Réparateur; Закавказскій вѣстникъ (1845). Часть исоффиціалная, p. 130. Charte du couvent de Chio Mghwimé.

inscriptions [1], et qui leur venaient de Constantin Ducas et de Nicéphore Botoniate [2].

Les monnaies d'argent de la même période portaient aussi le nom de *botinats* [3], mais seulement à partir du XIIe siècle, époque à laquelle cette dénomination s'appliqua à l'argent, et servit à désigner une certaine classe de monnaies jusqu'au XVe siècle, ainsi que le texte de l'inscription de Saphara nous en fournit la preuve [4]. On donnait aussi à ces monnaies d'argent le nom de *théthri*, თეთრი « blanc », qui semble avoir été, pendant toute la durée du royaume de Géorgie, l'appellation générique du numéraire d'argent, et dont on trouve une très-ancienne mention dès l'année 1008, sous Bagrat III, dans une charte qui fixe le prix du sang des Aphakidzé [5]. Outre les blancs, cette charte nous fait aussi connaître une autre espèce de monnaie d'argent, les blancs anciens, qui étaient probablement une des appellations que l'on donnait à des botinats d'argent, qui avaient perdu de leur valeur, par suite d'une longue circulation. En effet, on trouve, dans une charte octroyée par Dawith II le Réparateur à un Awchandadzé [6], la mention d'une autre espèce de monnaie, le botinat d'argent ancien, que le même acte désigne, quelques lignes plus bas, sous la variante *tzkhoumour* d'argent, et qui s'applique très-certainement à une même catégorie de pièces. On a tout lieu de conjecturer que la monnaie désignée plus tard sous le nom de *cirménaoul*, ქირმანეული, *cirmanéoul* ou *kilmanaour*, du nom de Manuel Comnène, s'appliqua aussi aux botinats d'argent, qu'elle finit par remplacer définitivement, puisque cette appellation était encore en usage dans le courant du XVIIIe siècle.

---

[1] *Mél. asiat.* t. II, *Lettre du général Bartholomœi, sur les antiq. géorg.* p. 307, pl. IV, n° 14. Inscription de l'église de Vank.

[2] Brosset, *Revue*, p. 57; *Rapports*, I, p. 46, II, p. 123.

[3] Brosset, *Introd. à l'Hist. de la Géorg.* p. XCII. Charte des Awchandadzé; archives du tribunal de Kouthaïs.

[4] Brosset, *Rapports*, II, p. 123. Charte de Samadrevli Ier, dadian; et man. géorg. 29, n° 28 A.

[5] Brosset, *Introd. à l'Hist. de la Géorg.* p. XCIV.

[6] Brosset, *Introd. à l'Hist. de la Géorg.* p. XCIII.

I.

Dawith couropalate, dynaste de la Géorgie méridionale (983-1001).

Dawith, fils d'Adarnasé couropalate, oncle de Bagrat III, était maître du Daïk. C'était le plus puissant dynaste de la Géorgie méridionale et du nord de l'Arménie, à la fin du xe siècle. L'histoire donne de longs détails sur le rôle important qu'il joua dans les événements accomplis de son temps à Constantinople. Il était venu au secours de Bardas-Phocas, et avait puissamment contribué à la défaite de Bardas-Sclérus [1]. L'influence que Dawith avait exercée sur la politique de l'empire grec lui permit d'agrandir ses États, en faisant des conquêtes. Il s'empara de Manazgerd sur les musulmans, et y mit une forte garnison (996). Les émirs du voisinage, furieux des succès de Dawith, se coalisèrent et marchèrent contre lui. Mais Dawith, ayant appelé à son aide Kakig, roi d'Ani, Apas, roi de Kars, et Bagrat III, roi de Géorgie, mit en déroute l'armée ennemie, commandée par Mamloun, prince musulman de l'Arménie [2]. Un évêque géorgien mit fin aux jours de Dawith, en lui donnant la communion avec une hostie empoisonnée (1001). Ce prince, en mourant, avait légué à l'empereur Basile II les États qu'il tenait de ses pères, et les provinces qu'il avait conquises sur les émirs musulmans de la Géorgie et de l'Arménie [3].

IMITATION DES MONNAIES BYZANTINES.

9. En deux lignes : ✝ᲨᲜ ᲧᲜ — ᲝᲒ· — ✝ᴮᴵᴵᴵᴵ ᴮᴵᴵᴵᴵᴵ ᴮᴵᴵᴵ. — *Christ, aie pitié de Dawith!* — Grènetis au pourtour.

R͞. Croix pattée, cantonnée aux quatre cantons des lettres ᲩᲣᲠᲜ. — ᴮᴵᴵᴵ ᴮᴵᴵᴵᴵ. — *Couropalate,* — qui font suite à la légende de la face. Double grènetis au pourtour.

[1] Brosset, *Hist. de la Géorg.* t. I, p. 292 et suiv. et add. p. 176 et suiv.

[2] Vartan, *Histoire manuscrite;* Assogh'ig, *Histoire universelle,* liv. III, ch. xxxviii; Matthieu d'Édesse, *Chronique,* 1re partie, ch. xxii;

Tchamitch, *Histoire d'Arménie,* t. II, p. 848.

[3] Matthieu d'Édesse, *Chron.* ch. xxiv; Assogh'ig, liv. III, ch. xliii; Vartan, *Hist. manuscr.*

Argent. Inédite. — Pl. III, n° 1.
Collection J. Friedlaender, à Berlin.

Cette médaille est imitée des pièces byzantines de Jean Zimiscès et de Basile II. Le titre de couropalate, que Dawith avait reçu des empereurs grecs, en récompense des services qu'il leur avait rendus, nous autorise à admettre que la médaille dont il s'agit n'a pu être frappée que par ce prince, dont la puissance était supérieure à celle des autres dynastes géorgiens. En outre, le style de la monnaie, qui se rapporte parfaitement à la fin du xe siècle, ne permet pas de l'attribuer au règne de Dawith Ier (876-881), qui ne fut roi que de nom; car, à l'époque de ce prince, les Arabes étaient maîtres de la Géorgie, et frappaient seuls monnaie à Tiflis, ainsi que les médailles des Abbassides, portant le nom de cette ville, nous en fournissent la preuve. Il n'est pas possible non plus de reporter la médaille en question au règne de Dawith II (1089-1125), car nous savons d'une part que, sous le règne de ce prince, les rois de Géorgie cessèrent de porter des titres de dignités byzantines, et de plus, nous connaissons des monnaies de Dawith II, avec des légendes géorgiennes et arabes, qui sont d'un tout autre style, et indiquent une fabrication postérieure. Au surplus, MM. Brosset et de Bartholomæi n'ont pas hésité un seul instant à ranger au règne de Dawith couropalate ce curieux monument, qui est le premier de la série des pièces frappées au type byzantin, dans la Transcaucasie.

Pour ce qui est de la dignité de couropalate, qui, on le sait, fut souvent donnée par la cour de Constantinople aux dynastes chrétiens de l'Asie, nous ajouterons que ce titre se lit sur une pièce de cuivre de Gorig IV, dynaste bagratide de l'Agh'ouanie, et qui provient de la trouvaille de Lorhi[1]. On lit, au revers de cette pièce : ՏՐ ՈԳՆՆ ԿՈ-ՐԻԿԻ ԿՈՐՑՊ[Գ]Պ[Գ]ՍՏԻ] « *Seigneur! exalte Gorig couropalate!* » La médaille de Dawith vient donc confirmer la lecture que M. Brosset avait faite de cette légende, dont l'interprétation ne peut plus soulever l'ombre d'un doute.

[1] *Bull. hist.-phil. de l'Acad. des sciences de Saint-Pétersbourg* (1840). Brosset, Mo-nographie des monnaies arméniennes, pl. I, n° 1, p. 52 et suiv.

II.

Bagrat IV (1028-1072).

Bagrat IV, fils de Giorgi Ier, régnait sur le Karthli et l'Aphkhazeth[1]. Au commencement de son règne, ce prince contracta une alliance avec les Grecs, en épousant Hélène, nièce de l'empereur Romain Argyre (1032). Celui-ci l'avait successivement décoré des titres de couropalate, de nobilissime et de sébaste[2], afin de s'attacher davantage les Géorgiens, dont le pays était considéré, depuis longtemps, comme une province de l'empire. Bagrat eut de longues et sanglantes luttes à soutenir contre les musulmans, qui occupaient encore quelques cantons de son royaume, et parvint même à les chasser complétement de Tiflis[3]. C'est sous le règne de Bagrat IV qu'eut lieu la première invasion des Turks Sel-djoukides en Arménie, en Géorgie et dans les terres de l'empire grec en Asie (1049)[4]. Au milieu de tant de vicissitudes, Bagrat eut encore à comprimer les révoltes des éristhaws de son royaume; il fut même obligé de se rendre à Constantinople, où l'empereur le retint pendant trois ans, après quoi il put revenir dans ses États. Mais le ressentiment qu'il avait conservé contre les Grecs l'ayant déterminé à se détacher complétement de l'alliance qu'il avait contractée précédemment avec l'empire, il s'attira la haine de Romain Diogène, qui envoya contre lui une armée[5]. Bagrat, arrivé au terme de sa carrière, eut encore à soutenir le choc d'une invasion de Turks, dirigée par Alp-Arslan, quand la mort vint les frapper tous deux, en 1072[6].

[1] Brosset, *Hist. de la Géorg.* t. Ier, p. 314 et suiv. 341 et add. Conf. les rapports de Bagrat IV avec les Grecs; Matthieu d'Édesse, 1re partie, ch. xl.

[2] Brosset, *Hist. de la Géorg.* t. I, p. 341.

[3] Defrémery, *Fragm. d'histor. arabes et persans,* p. 31 et suiv.

[4] Brosset, *Hist. de la Géorg.* t. I, p. 328; Matthieu d'Édesse, ch. lxxiii; Arisdag. Lasdivertzi, ch. xvi; Ét. Orbélian, ch. ii, éd. Saint-Martin; *Mém. sur l'Arménie,* t. II, p. 66 et suiv.; Aboulfaradj, *Chron. syr.* p. 243, et v. l. p. 248; Cédrénus, t. II, p. 769; Zonaras, t. II, p. 256.

[5] Brosset, *Hist. de la Géorg.* t. I, p. 335.

[6] *Ibid.* p. 336.

10. HAΓIAΘKO, pour ἡ ἅγια Θεοτόκος. — *La Sainte-Mère de Dieu.* — Buste de la Vierge nimbée, vue de face et étendant les bras. Double filet au pourtour.

R⸴. [légende géorgienne]. Dans le champ, en trois lignes, faisant suite à la légende circulaire : [légende géorgienne]. — [légende géorgienne en mkhédrouli]. — *Christ! exalte Bagrat, roi des Aphkhazes et nobilissime!* Filet au pourtour.

Argent. — Pl. III, n° 2.

Cabinet de l'Ermitage.

Bartholomæi, *Lettres*, XI, p. 44 et suiv. pl. II, 1, et lettres suivantes, *passim.* — F. de Gille, *Lettres sur le Caucase*, p. 280.

11. MAΛAXI?..... TICA. — Dans le champ : MP — ΘY. — *La mère de Dieu.* — La Vierge nimbée, vue de face et étendant les bras.

R⸴. [légende géorgienne]. Dans le champ, en trois lignes : [légende géorgienne]. — *Christ! exalte Bagrat, roi des Aphkhazes, des Karthles, et sébaste!* — Grènetis.

Argent. — Pl. III, n° 3.

Cabinet de l'Ermitage.

Bartholomæi, *Lettres*, IX, p. 40 et suiv. pl. II, 2. — F. de Gille, *Lettres sur le Caucase*, p. 280.

Les monnaies de Bagrat IV sont frappées à l'imitation des pièces byzantines qui avaient cours de son temps en Géorgie, et présentent une ressemblance frappante avec les médailles de Romain Argyre au type de la Vierge. La seule différence qu'on y remarque consiste dans la légende du revers, qui est en géorgien. La légende de la seconde médaille, par suite d'un accident survenu dans la frappe, est fort altérée et offre quelques difficultés à la lecture. M. Brosset conjecture avec beaucoup de finesse que cette légende n'est autre chose qu'une invocation à la Vierge, dont la figure occupe le champ de la pièce. Ainsi, selon le savant académicien russe, les lettres .....TICA seraient la fin du qualificatif πορταήτισα, que l'on donne à Notre-Dame d'Ibérie, dont l'image est très-vénérée en Russie et en Géorgie sous cette dénomination, parce que l'original ornait jadis la porte de grande laure ibérienne du mont Athos[1].

[1] *Bull. hist.-philol. de l'Acad. des sciences de Saint-Pétersbourg,* t. IV, n° 18; Bartholomæi, *Lett.* IX, p. 41, note 1 de M. Brosset; Brosset, *Hist. de la Géorg.* t. I, p. 304 et add.

La particularité la plus curieuse que l'on remarque sur ces monnaies consiste dans les légendes du revers qui, avec les inscriptions recueillies en Géorgie par M. Brosset, appuient le témoignage que les Annales nous fournissent sur les rapports des Grecs et des Géorgiens dans le xie siècle. Les légendes nous donnent d'ailleurs la preuve que les titres dont Bagrat IV avait été décoré par Romain Argyre étaient bien les mêmes que ceux mentionnés dans les Annales, moins toutefois celui de couropalate. En effet, quand Bagrat fut élevé à cette dignité, échangée bientôt pour des titres plus considérables, il ne fit point frapper de monnaies, et ce n'est que plus tard, lorsqu'il fut déclaré d'abord nobilissime, puis ensuite sébaste, dignités que la cour de Byzance donnait aux rois étrangers et qui emportaient avec elles l'idée de puissance souveraine [1], qu'il émit des monnaies à son nom et avec le titre de roi. Les inscriptions où les titres grecs de Bagrat sont rappelés ont été découvertes dans l'Aphkhazeth; ce sont : 1° celle de l'église du monastère de Catzkh, où il est appelé Grand-couropalate de l'Orient [2]; 2° celle de l'église épiscopale de Nicortsmida, où Bagrat est désigné sous le titre de couropalate des Karthles [3]; 3° enfin, celle d'Aténi, dans le district de Gori, où le même monarque est appelé Bagrat Sébaste [4].

L'attribution à Bagrat IV des monnaies que nous venons de décrire est due à M. de Bartholomæi, et elle est corroborée par le témoignage des Annales et des monuments épigraphiques. On sait, en effet, que Bagrat IV fut le seul souverain géorgien qui ait été élevé par la cour de Byzance à la dignité de nobilissime et à celle de sébaste, et nous verrons que son fils, Giorgi II, qui avait aussi été décoré de titres grecs, ne prit sur ses monnaies que celui de césar.

et éclaircissements, p. 190; Journal asiatique (1832), *Sur le culte de la Vierge en Géorgie*, p. 213.

[1] Du Cange, *Glossar. med. et inf. latin.* v° *nobilissimus*.

[2] Brosset, *Rapports*, XII, p. 95.

[3] *Ibid.* p. 55 et suiv.

[4] *Mém. de l'Acad. des sciences de Saint-Pétersbourg*, t. IV, p. 411, pl. X, 36; Brosset, *Rapports*, VI, p. 22 et suiv.

III.

Giorgi II (1072-1089).

Giorgi II avait été élevé par les Grecs à la dignité de couropalate du vivant même de son père Bagrat IV[1]; mais dès qu'il fut parvenu au trône, la cour de Byzance lui décerna celui de césar[2]. La vie de Giorgi II est racontée d'une manière assez confuse dans les Annales[3]; toutefois, on parvient à saisir par intervalles quelques-uns des événements qui s'accomplirent sous son règne, comme, par exemple, ses luttes contre les éristhaws du Karthli et de l'Aphkhazeth qui s'étaient révoltés; ses guerres contre Mélik-Schah, fils d'Alp-Arslan, qui l'obligea à se rendre auprès de lui[4]; enfin la prise de Tiflis par les Seldjoukides (1088), événement qui força Giorgi à se réfugier dans les gorges du Caucase pour y chercher un asile[5]. La conquête de l'Arménie et de la Géorgie par Mélik-Schah avait mis fin aux prétentions que les empereurs de Constantinople faisaient valoir sur ces deux pays, et, à partir de ce moment, les rois de Géorgie, dégagés de toute obligation envers les Grecs, furent réduits à subir le joug des musulmans qui les contraignirent à leur payer le kharadj.

IMITATION DES MONNAIES BYZANTINES.

12. ΗΑΓΙΑΘΚ. — ἡ ἁγία Θεοτόκος. — *La Sainte Mère de Dieu.* — Buste nimbé de la Vierge, vu de face, et étendant les bras. Grènetis.

ℝ̣. [légende géorgienne en asomtavruli] Dans le champ, en trois lignes, faisant suite à la légende circulaire : [légende géorgienne en asomtavruli]. — [légende géorgienne en nuskhuri]. — *Christ! exalte Giorgi, roi des Aphkhazes, des Karthles et césar.* Grènetis.

---

[1] *Mém. de l'Acad. des sciences de Saint-Pétersbourg*, t. IV. Cf. *l'inscription de l'église d'Aténi*, p. 411; Brosset, *Rapports*, VI, p. 22 et suiv.

[2] Cf. *la descript. des méd. de ce prince.*

[3] Brosset, *Hist. de la Géorg.* t. I, p. 341 et suiv.

[4] Vartan, *Hist. univ.* msc.

[5] Saint-Martin, *Mém. sur l'Arménie* t. I, p. 376.

Argent, deux variétés, dont l'une offre au revers la variante ესახიობი — Pl. III, n°ˢ 4, 5 et 6.

Cabinet de l'Ermitage et collection Barataïeff.

Verzeichniss der Münz und Medaill. Sammlung der L. W. von Wellenheim, t. II, n° 15731. — Brosset, *Revue*, p. 8, 50, pl. n° 12. — Barataïeff, part. II, p. 12 et suiv. pl. I, 5. — Bartholomæi, *Lettres*, XII, p. 51 et suiv.

Cette monnaie, dont on connaît aujourd'hui plusieurs variétés, avait été attribuée d'abord par le prince Barataïeff à Dawith II le Réparateur; mais son erreur avait été corrigée par M. Brosset qui, le premier, parvint à déchiffrer le nom de Giorgi II sur le monument que nous venons de décrire. Dans notre premier essai[1], nous n'avons pas hésité à attribuer cette même pièce à Giorgi II; mais nous sommes obligé d'avouer que ses variétés, qui étaient dans un mauvais état de conservation, furent rapportées à tort par nous à Dawith II. Au surplus, tous les numismatistes sont aujourd'hui d'accord sur l'attribution à Giorgi II des médailles que nous venons de décrire; car elles offrent avec celles de Bagrat IV une ressemblance frappante, tant pour le style que pour les types et les légendes.

Le titre de césar que Giorgi prend sur ses monnaies était la première dignité de l'empire grec après celle d'*autocrator*[2]. Le prince Theimouraz rapporte en effet que le titre de césar était un de ceux que prenaient les rois de Géorgie; car dans un discours prononcé en l'honneur de Dawith II par Arséné Iqalthoel, celui-ci lui décerne les titres de roi des rois et de césar[3].

<hr>

INCERTAINE DE LA MÊME ÉPOQUE.

13. La Vierge, nimbée et vue de face.

℞. [ႴႩ ႶႢჃ]..... ႶႴႡႬჃႶ ႢႲ ႴႩႶჃႬ ႧႴႩ]. En trois lignes, dans le champ : ႢႲ ႩႬႠ ႢႲ ႰႬႠ. — [*Christ! exalte... roi des Aphkhazes, des Karthles,*] *des Raniens, et*..... Grènetis.

[1] *Numismatique de la Géorgie au moyen âge*, p. 15. — [2] Constantin Porphyrog. *De cæremon.* t. I, p. 107 et suiv. — [3] Brosset, *Revue*, p. 49 et suiv.

Argent. — Pl. III, n° 7.
Collection Barataïeff.
Barataïeff, part. II, p. 15, pl. I, 6.

Cette médaille a été rognée, et la légende circulaire manque totalement, ce qui fait que l'attribution de cette pièce restera incertaine jusqu'à ce qu'un exemplaire plus complet, où figurera le nom du roi, parvienne à la connaissance des numismatistes. Cependant on peut présumer que cette médaille a bien pu être frappée par Bagrat IV ou Giorgi II, car le type est semblable à celui des pièces de ces deux souverains. Le prince Barataïeff avait classé cette monnaie au règne de Dawith II; mais rien ne justifie cette attribution.

La légende du revers offre en outre une difficulté dont la solution nous échappe. Le prince Barataïeff avait expliqué les mots ႣႠ ႰႬႧ ႣႠ ႲႬႧ, les seuls qui soient visibles sur la pièce, par « [roi] des Raniens et des Taontiens. » Mais M. Brosset penche pour une autre lecture, et suppose que les trois dernières lettres ႲႬႧ ont pu être mal transcrites par le prince Barataïeff, et qu'il pourrait bien y avoir sur la médaille ႩႾႧ, კახთა, « des Cakhes. » En effet, M. Brosset nous a signalé plusieurs chartes émanées de la puissance souveraine, où on lit souvent, après la mention du nom du prince, la rubrique suivante : « roi des Aphkhazes, des Karthles, des Raniens et des Cakhes. » Cependant nous avons déjà passé en revue plusieurs médailles analogues à celle qui nous occupe en ce moment, et on a pu remarquer que les légendes du revers se terminent invariablement par un titre byzantin. Cette circonstance nous amène donc à supposer que la fin de l'inscription de la médaille en question doit contenir un titre analogue à ceux de sébaste, de césar, de nobilissime et de couropalate que nous avons lus précédemment sur les pièces de Dawith couropalate, de Bagrat IV et de Giorgi II. Mais, nous le répétons, avant de se prononcer en faveur de telle ou telle opinion, il faut attendre qu'un nouvel exemplaire de cette monnaie nous donne des indications plus précises sur cet intéressant problème.

IV.

Dawith II, le Réparateur (1089-1125).

Le règne de Dawith II est un de ceux qui illustrèrent le plus la Géorgie, car ce fut sous ce prince que le royaume s'agrandit et fut en partie
débarrassé de la présence des musulmans. La cause de cette prospérité
est due surtout aux Croisades qui, ayant attiré les forces des Arabes du
côté de la Palestine, avaient favorisé le développement de la Géorgie
(1101). Dawith, en montant sur le trône, avait déjà profité des divisions
intestines qui déchiraient l'empire des Turks Seldjoukides, et s'était
emparé des contrées que les musulmans avaient enlevées aux Géorgiens.
C'est ainsi que le Cakheth, le Héreth et le Somkheth redevinrent des
provinces géorgiennes (1118)[1]. Fier des victoires qu'il avait remportées sur les musulmans, Dawith entreprit de soumettre les peuplades
barbares du Caucase, qui furent appelées à grossir les rangs de son armée et l'aidèrent puissamment à repousser une invasion d'Il-Ghazi,
prince d'Alep et lieutenant de Mélik, fils de Daph'ar, sultan des Seldjoukides de Perse, qui était venu pour reconquérir la Géorgie (1121)[2].
Les musulmans, battus dans plusieurs rencontres, prirent la fuite jusque
sous les murs d'Ani où Dawith les poursuivit. Le sultan, irrité des revers
qu'avait subis son armée, accourut en personne, l'année suivante, pour
se venger de Dawith; mais il éprouva le même sort que son lieutenant[3].
Le roi de Géorgie reprit Tiflis aux musulmans (1122)[4], pénétra dans
le Schirvan, le Ran et le Tao, qu'il soumit et dont il chassa les étrangers; puis il rentra dans Karthli où il fit rebâtir beaucoup d'églises et
de couvents et en construisit de nouveaux, afin de réparer les maux
que la guerre avait causés, d'où lui fut donné le nom de Réparateur:

[1] Wakhoucht, p. 182; cf. aussi Guill. de Tyr, 1re part. liv. XI, ch. xvi.

[2] Gauthier le chancelier, *Bellum Antioche-num;* Matthieu d'Édesse, ch. ccxxxi; Samuel d'Ani, *Chron.;* Aboulfaradj, *Chron. Syr.* p. 302 et v. l. p. 248 et suiv.; Defrémery,

Fragments d'historiens arabes et persans, p. 25 et suiv.

[3] Matthieu d'Édesse, ch. ccxxxix.

[4] Ét. Orbélian, ch. iv, p. 78-79; Aboul-féda, *Ann. mosl.* t. III, p. 398; Aboulfaradj, *Chron. arabe,* p. 378, et v. l. p. 249.

En 1124, Dawith s'empara d'Ani[1], et il mourut l'année suivante après avoir soumis à son sceptre tous les pays situés entre la mer Noire et la mer Caspienne, qu'il légua en héritage à son fils Démétré I[er][2]. C'est sous son règne qu'eut lieu le concile national assemblé pour mettre un terme aux troubles qui agitaient l'église de Géorgie[3].

IMITATION DES MONNAIES ARABES.

14. ⴃⴓ. — ღოგუოი. — *Dawith.* — Le roi, la couronne sur la tête, à cheval et passant à droite.

℞.   الملك الملوك   *le roi des rois,*

        داود بن كيوركى   *Daoud (Dawith), fils de Giorgi,*

        حسام المسيح   *glaive du Messie.*

Cuivre. — Pl. III, n° 8.

Cabinet de l'Ermitage et Musée asiatique de l'Académie des sciences de Saint-Pétersbourg.

Brosset, *Rapports*, I, p. 102. — *Bulletin hist.-phil. de l'Académie des sciences*, t. X (1853), p. 108. — Dorn, *Suppl. ad Recens. Fræhnii*, p. 392 et suiv.

On n'a signalé jusqu'à présent que trois exemplaires de cette rare monnaie dont le prince Barataïeff n'a point eu connaissance. Le simple examen de cette pièce et son style tout à fait arabe viennent corroborer ce que Bedr eddin el-Aïni, qui vivait au xve siècle, rapporte au sujet des monnaies de Dawith II. L'historien musulman raconte en effet qu'en 516 hég. (1122 È. Chr.) le roi Daoud de Géorgie, bien que maître de Tiflis, accédant par une sage politique au vœu qui lui fut exprimé par ses sujets, permit de tracer les noms de Dieu, du Prophète et du khalife sur ses propres monnaies. « Il leur accorda ce qu'ils deman-

[1] Matthieu d'Édesse, ch. ccxliii; Ét. Orbélian, *l. c.*; Samuel d'Ani, *op. cit.*; Vartan, *Hist. univ.*; Tchamitch, *Hist. d'Arm.* t. III, p. 44.

[2] Matthieu d'Édesse, ch. ccxlix; Brosset, *Hist. de la Géorg.* t. I, p. 355 et suiv.;

Saint-Martin, *Mém. sur l'Arménie*, t. I, p. 377 et suiv.; Defrémery, *Histor. arabes*, p. 36-37 et note 5.

[3] Pl. Ioselian. Ист. Груз. церкви. 2ое изд, p. 73 (Saint-Pétersbourg, 1843).

« daient, dit Bedr eddin; car il estimait les musulmans plus que ne
« l'avaient fait les princes mahométans eux-mêmes [1]. »

L'apparition du numéraire de cuivre géorgien, sous le règne de Dawith le Réparateur, concurremment avec les pièces d'or et d'argent
byzantines est un fait digne de remarque; car c'est pour nous la preuve
manifeste qu'un essai de réforme monétaire fut tenté sous ce prince, qui
résolut de démonétiser toutes les pièces de cuivre étrangères dont les
valeurs différentes nuisaient aux transactions, et qui étaient répandues
en grande quantité dans son royaume, et de les remplacer par une
monnaie nationale uniforme. Cette refonte du numéraire de cuivre
étranger sous le règne de Dawith s'explique aisément, quand on songe
aux événements qui s'accomplissaient alors en Perse par suite des dis-
sensions survenues entre les atabeks et les schirvanschahs, et qui
avaient affaibli considérablement la puissance musulmane dans les
contrées de l'Asie. Dawith, dont le règne fut consacré à réparer les
désastres causés par les invasions étrangères, et à reprendre aux
musulmans les anciennes provinces qui avaient été enlevées aux
Géorgiens, dut aussi donner à l'empire qu'il avait affermi des institu-
tions nouvelles en rapport avec les besoins du pays. La réforme monétaire dont Dawith fut le promoteur n'a donc rien qui doive nous
surprendre, et, en effet, nous avons tout lieu de croire que ce fut
sous son règne que les réglements relatifs à la fabrication des monnaies
furent remis en vigueur afin de réprimer les abus qui s'étaient glissés
dans la Géorgie, par suite de la circulation abondante d'un numéraire
étranger venu de toutes les contrées de l'Asie, et qu'il était facile d'al-
térer ou de contrefaire.

Nous savons que, longtemps avant le règne de Dawith, les souverains de la Géorgie avaient déjà réglementé les monnaies, et qu'ils
avaient promulgué des lois dont le fond était emprunté à la législation
byzantine. Ces lois avaient eu pour effet de régler la fabrication du
numéraire, et de faire cesser les fraudes au moyen desquelles les monnaies se trouvaient altérées et souvent même contrefaites. Au XVIIIe siècle,

[1] Brosset, *Revue*, p. 59-60; *Hist. de la Géorg.* t. I, addit. XIII, p. 240-241.

Wakhtang recueillit le texte de ces lois, et il les fit entrer dans le Code dont il dota la Géorgie et qui porte son nom [1]. Dans cette volumineuse compilation on trouve le texte d'une loi écrite au xiie siècle, vraisemblablement sous le règne de Dawith le Réparateur, qui l'avait empruntée à Léon le Sage, et où il est dit que « celui qui aura fabriqué de « la fausse monnaie aura la main coupée [2]. » C'était un adoucissement à une législation antérieure qui stipulait en termes précis que « tout « homme, excepté le roi, qui ferait battre des espèces de flours (mon- « naies d'or) ou de fouls (monnaies de cuivre), de bon ou de mauvais « aloi, aurait les deux mains coupées; et qu'on en couperait une à « quiconque, sachant que cette monnaie est frauduleusement frappée, « la rendrait ou l'emploierait [3]. » Le législateur géorgien du xiie siècle statuait en outre que « les rois avaient le droit de faire frapper des « monnaies par l'entremise de magistrats commis à cet effet [4], » et que « si un noble ou un prince s'arrogeait ce droit, le roi confisquerait « non-seulement l'argent frappé, mais encore le lieu où la fabrication « aurait été opérée [5]. » Si l'on compare la pénalité que le législateur géorgien du xiie siècle décréta contre les faux monnayeurs avec celle en usage dans certains États de l'Europe à la même époque, on verra qu'elle était beaucoup moins sévère qu'en Angleterre, par exemple, où les supplices les plus odieux étaient infligés à ceux qui altéraient ou fabriquaient frauduleusement le numéraire. Ainsi des documents authentiques nous apprennent qu'on leur crevait les yeux, et que souvent même on les privait des organes de la génération [6].

Tels sont les détails qui nous sont parvenus sur la législation des monnaies en Géorgie au xiie siècle, et dont la teneur ne paraît pas avoir subi d'importantes variations pendant toute la durée de la dynastie des Bagratides, puisque Wakhtang a rédigé son Code en empruntant

[1] *Code de Wakhtang,* ms. de la Bibliot. impériale; Journal asiatique, (1829), *Notice sur le Code géorgien,* par M. Brosset.

[2] *Code de Wakhtang,* IIIe partie, § 390.

[3] *Ibid.* IIe partie, § 377.

[4] *Code de Wakhtang,* IIIe partie, § 403.

[5] *Ibid.* § 104.

[6] An. de Barthélemy, *Lettres sur les corporations et les magistrats des monnaies,* III, p. 54.

aux anciennes lois les formules consacrées par ce que l'on pourrait appeler les coutumes nationales.

La réforme de Dawith II donne lieu encore à d'autres observations fort importantes pour l'histoire de la monnaie à l'époque qui nous occupe. En émettant des pièces de cuivre, Dawith se distingua de ses prédécesseurs, qui n'avaient fait frapper que du numéraire d'argent. Cette fabrication avait pour but de ramener à un système uniforme toutes les pièces de cuivre, et surtout de remplacer le numéraire en argent qui avait complétement disparu de l'Asie pendant le xiie siècle. Cependant l'or abondait dans tout l'Orient, et les ateliers de Byzance, aussi bien que ceux des princes musulmans, en fabriquaient de notables quantités. Les monnaies d'or qui circulaient en Géorgie se composaient principalement de pièces concaves dont on retrouve encore dans le pays de nombreux spécimens. Un auteur arabe qui vivait dans le courant du xiiie siècle, Kazwini, nous donne sur ces monnaies de curieux détails qu'on lit à la suite de sa description de Tiflis : « On trouve (dans cette « ville), dit le géographe musulman, le dinar appelé *perpera*, بربره. « C'est une bonne monnaie creuse et de forme concave, portant des lé- « gendes syriennes et des figures d'idoles. Chaque dinar pèse un mitscal « d'or fin. Il est impossible de s'y méprendre, c'est la monnaie du pays « des Aphkhazes, بلاد الابخاز, et l'œuvre de leurs rois [1]. » Si l'assertion de Kazwini est exacte en ce qui concerne la circulation de l'or concave en Géorgie, l'attribution de ce numéraire aux rois Bagratides est dénuée de fondement. Il est probable que l'auteur arabe a pris pour des monnaies géorgiennes les pièces scyphates byzantines qui avaient cours dans la Transcaucasie. Les caractères syriaques et les prétendues idoles ne sont autre chose que les légendes grecques qui accompagnent et expliquent les figures impériales qu'on voit sur toutes les pièces frappées par les souverains grecs de Constantinople. Au surplus, le nom de بربره, que l'écrivain arabe donne à ces monnaies, résout la question, car ce mot est la transcription du grec ὑπέρπυρον, *hyperpère*, sorte de mon-

[1] Kazwini, *Atsâr el-Bilad.* Cf. Dorn, *Geogr. Caucas.* dans les *Mém. de l'Académie* *des sciences de Saint-Pétersbourg*, t. VIII; Wüstenfeld, *Cosmographia*, p. 248.

naie d'or ayant, à ce que l'on croit, la même valeur que le byzant ou le dinar[1].

Le témoignage de Kazwini est pour nous la preuve que l'hyperpère était devenu une monnaie courante dans tout l'Orient, puisqu'on le trouve en usage non-seulement en Géorgie, mais encore en Chypre, en Morée et dans les îles de l'Archipel, où Pegolotti nous apprend qu'il circulait de son temps sous la désignation de *perperi latini d'oro*[2].

Si l'or de Byzance était très-répandu en Géorgie au xiie siècle, le numéraire d'argent y faisait, comme dans tous les autres États, complétement défaut. Au point de vue de l'économie politique, cette absence de la monnaie blanche en Orient pendant l'espace d'un siècle est un fait digne de remarque. Les chroniqueurs gardent le silence sur cet événement dont ils ne comprirent sans doute pas la portée, mais dont les monnaies de cuivre frappées à cette époque par les musulmans et les chrétiens nous donnent l'explication. L'argent ayant disparu pendant près d'un siècle, il fallut le remplacer par un autre métal; voici comment la question fut résolue par les économistes orientaux. Certains princes de l'Asie, comme les Ortokides, des dynastes inconnus qui occupaient les provinces de la Transcaucasie, l'atabek Mohammed, fils d'Ildigouz[3], et d'autres encore firent frapper une quantité considérable de pièces de cuivre sur lesquelles était inscrite la formule هذا الدرهم, dénomination qui jusqu'alors s'était exclusivement appliquée aux monnaies d'argent. De cette manière on donna au cuivre la valeur de l'argent. Malheureusement nous manquons de détails sur la crise financière que cette innovation occasionna inévitablement dans toute l'Asie.

Bien que la disparition d'un métal comme l'argent pendant un siècle soit un fait capital que l'on rencontre très-rarement dans l'histoire du monde, il n'est pas cependant sans précédents dans les annales de la numismatique. L'antiquité nous en fournit plusieurs exemples, qui se produisirent à diverses époques et dans différentes contrées. Ainsi une

---

[1] Pegolotti, *Della mercatura*, p. 23, dans Pagnini, *Della decima*, t. III; Du Cange, *Glossar. med. et inf. lat.* v° *Hyperperum*.

[2] Pegolotti, *l. cit.* p. 291.
[3] Bartholomæi, *Lettres*, XXI, p. 74.

médaille autonome de Byzantium porte au revers δραχμα[1], une pièce
de bronze de Rhodes au revers de Nerva porte διδραχμον Ροδιων[2],
une monnaie autonome de bronze de Métaponte[3] et une de Chio[4]
offrent la légende oϭολos; sur une médaille de bronze d'Ægium, en
Achaïe, on lit ημιοϭελιν (sic)[5]; au droit d'un bronze de Samothrace on
voit l'indication monétaire τριωϭολο (sic)[6]; enfin sur un bronze d'Hâreth
(Arétas), roi arabe de la Nabatène, on lit כסף מעה, obole d'argent, et
sur un autre de la reine sa femme, חן כסף, demi-obole d'argent[7].

La réforme de Dawith II dénote, pour le temps où elle fut intro-
duite, des connaissances en économie politique beaucoup plus étendues
qu'on ne pourrait le supposer, et les résultats que ce système produisit
sont très-sensibles, puisqu'il fut continué jusqu'au règne de Rousoudan,
époque à laquelle le métal blanc fut remis en circulation, non-seulement
en Géorgie, mais encore dans les États du sultan de Konieh, des Comnènes de Trébizonde, des rois arméniens de la Cilicie, ainsi que l'attestent les monuments numismatiques frappés par ces différents dynastes dès les premières années du xiiie siècle.

V.

Démétré Ier (1125-1154).

A la mort de Dawith II, son fils Démétré, que tous les chroniqueurs
représentent comme un prince belliqueux et passionné pour la gloire,
monta sur le trône. Il fit tous ses efforts pour conserver les conquêtes de
son père, et même il y ajouta la prise de Dbadis, et quelques autres localités qu'occupaient encore les musulmans[8]. Il eut aussi à combattre

[1] Mionnet, *Descript. des méd. grecques,* t. I, p. 377, n° 93.

[2] *Ibid.* t. III, p. 428, n° 282.

[3] *Ibid.* t. I, p. 161, n° 593.

[4] *Ibid.* t. III, p. 277, n° 121.

[5] *Ibid.* t. II, p. 164, n° 121.

[6] *Ibid. Suppl.* t. II, p. 544, n° 24.

[7] *Revue numismatique française* (1858), p. 295-296, n°[s] 11-13; *Notre Numismatique des Arabes avant l'islamisme,* p. 26 et suiv.

[8] Brosset, *Hist. de la Géorg.* t. I, p. 381 et suiv. Ét. Orbélian, chap. iv, p. 78-79; Matthieu d'Édesse, ch. ccxlix; Tchamitch, t. III, p. 42-45; Saint-Martin, *Mém. sur l'Arménie,* t. I, p. 379.

Kara-Sonkor qui tenait l'Adherbeidjan en fief des sultans seldjoukides[1].
Démétré perdit la ville d'Ani que la trahison ou l'impéritie d'Abouleth-
Orbélian, son général, livra à Phaldoun, fils d'Aboulséwar[2]. Vers la
fin de sa vie, Démétré, fatigué des splendeurs du trône, remit le sceptre
aux mains de son fils Dawith III, et mourut, un an après son abdication,
dans un monastère où il s'était retiré (1154). Dawith III ne régna que
six mois, et le trône échut à son frère Giorgi III, deuxième fils de Démétré Ier qui, ayant dépossédé le prince Démétré, appelé aussi Temna, fils
de Dawith, s'empara de la couronne[3].

IMITATION DES MONNAIES ARABES.

15. ملك الملوك — *Le roi des rois,*
ᚦ — *D[émétré],*
حسام المسيح — *glaive du Messie.*

R⁓. Dans les rayons d'un ornement qui affecte la forme d'une étoile à cinq
branches : المقتفى امير المومنين. — *Al-Moktafy, prince des croyants.*

Cuivre, petit module. — Pl. III, n⁰ˢ 9, 10.
Collection Barataïeff.

Barataïeff, part. III, p. 1-6, pl. I, 1, 5. — *Mél. asiat.* t. III, p. 98, n° 6.

Le khalife Al-Moktafy, dont le nom se trouve inscrit au revers des
monnaies de Démétré, était contemporain de ce prince. C'était le trente
et unième khalife abbasside; il régna de l'an 531 à 555 hég. (1136-
1160 È. Chr.).

16. م. ملك الملوك ديمطرى حسام المسيح. — *Le roi des rois Dimitri, glaive du Messie.*
Dans le champ : ᚦ *D[émétré].*
R⁓. المقتفى امير المومنين. — *Al-Moktafy, prince des croyants.*

Cuivre, moyen module. — Pl. III, n° 11.
Cabinet de l'Ermitage.

Bartholomæi, *Lettres*, XXIX, p. 99.

[1] Samuel d'Ani, *Chronog.*
[2] Matthieu d'Édesse, ch. ccxlix; Samuel
d'Ani, *Chron.* Vartan, *Histoire universelle;*

Brosset, *Histoire de la Géorgie*, t. I, add.
p. 224-247.
[3] Étienne Orbélian, ch. iv, p. 80 et suiv.

17. ملك الملوك *Le roi des rois,*
Ⴃ *D[émétré]?*
حسام المسيح *glaive du Messie.*

R/. ...... محمود ...... — ..... *Mahmoud*.....

Cuivre, petit module. — Pl. III, n° 12.
Cabinet de l'Ermitage.

Barataïeff, part. III, pl. I, A. — *Mél. asiat.* t. III, p. 88, n° 1, p. 98, n° 7. — Bartholomæi, *Lettres*, XXIII, p. 82, pl. II, 3.

Le nom de Mahmoud, qui figure au revers de cette monnaie, ne paraît convenir qu'au sultan seldjoukide de Perse, qui régna de 511 à 525 hég. (1118-1131 È. Chr.). Comme les années du règne de Mahmoud cadrent aussi avec celles du règne de Dawith II, mort seulement en 1125, M. Brosset ne croit pas impossible d'admettre que cette pièce ait été frappée par Dawith le Réparateur[1]. Toutefois, comme la monnaie en question diffère peu, pour le style et les légendes, de la précédente et de la suivante, qui sont très-certainement de Démétré Ier, il est permis de conjecturer aussi qu'elle a bien pu être frappée par ce dernier souverain.

---

18. ملك Ⴃ الملوك *Le roi des rois, D[émétré],*
حسام المسيح *glaive du Messie.*

R/. Dans un cartouche : مسعود *Mas'oud.*
ديمطرى *Dimitri.*

Cuivre, petit module. — Pl. III, n° 13.
Collection du prince Gagarin, à Saint-Pétersbourg.

Изв. И. Археол. общ. t. I, p. 279. — Bartholomæi, *Lettres*, XXIII, p. 82, 83, et note 2 de M. Brosset.

Mas'oud, sultan seldjoukide de Perse, régna de 526 à 547 hég. (1131-1152 È. Chr.).

[1] Bartholomæi, *Lettres*, XXIII, p. 83, note de M. Brosset.

VI.

Giorgi III (1154-1184).

Giorgi III, fils de Démétré Ier, ayant usurpé le trône, s'empara de la couronne[1] et chercha à agrandir les limites de son royaume[2]. Dans ce but il enleva Vagharschabad, en Arménie, au schah-Armen Miran, fils d'Ibrahim, fils de Sokman, prince de Khélath et des contrées voisines[3]. Il marcha de là sur Ani, qui était occupée par l'émir Phaldoun, et s'en rendit maître en 1161[4]. Le schah-Armen, voyant les progrès des Géorgiens, appela à son aide tous les musulmans de la Syrie et de la Mésopotamie, les Turks de Diarbékir et de Gardman, et se porta à la rencontre de Giorgi (1163)[5]. Celui-ci, attaqué par des forces supérieures près de Nakhitchévan, prit la fuite[6]. L'atabek Ildigouz profita de ce succès pour aller assiéger Ani, dont il s'empara (1165), grâce à la trahison d'un éristhaw géorgien qui passa dans son camp[7]. Quelques années après, Giorgi fit la conquête de Tovin[8], d'Okhthis et de Bana, des cantons d'Erzeroum, d'Achorni, de Gandza et de Khasgian[9], ravagea les contrées de Mouskour et de Charabam, et réduisit le Basian. De là il vint assiéger Lorhi, où s'était renfermé son neveu Démétré, révolté contre lui, et qui cherchait à s'emparer du trône; Giorgi prit la ville et fit crever les yeux à son compétiteur (1177)[10]. Voyant sa fin approcher,

[1] Étienne Orbélian, c. iv, p. 80 et suiv.

[2] Brosset, *Histoire de la Géorgie*, p. 383 et suiv. add. xvi, p. 253.

[3] Grégoire le Prêtre, cont. de la chron. de Matthieu d'Édesse, ch. cclxxix; Extr. d'Ibn-Alatir, d'Ibn-Khaldoun et du *Scheref-Nameh* (hist. des Kurdes de Scheref de Bidlis) dans les *Extraits des historiens arabes* de M. Defrémery, p. 50.

[4] Grégoire le Prêtre, ch. cclxxx; Étienne Orbélian, ch. iv, p. 82 et suiv. Samuel d'Ani, *Chronique;* Aboulfaradj, *Chron. syrienne*, p. 357 et suiv.

[5] Étienne Orbélian, c. iv et notes, p. 242 (édit. Saint-Martin, t. II); Tchamitch, t. III, p. 79 et suiv.

[6] Extr. de Mirkhond, dans les *Extraits des hist. arabes* de M. Defrémery, p. 52.

[7] Saint-Martin, *Mém. sur l'Arm.* t. II, p. 243; Defrémery, *Extr. des hist. arabes*, p. 50; notes, p. 55 et suiv.

[8] Grégoire le Prêtre, c. cclxxxix; Étienne Orbélian, c. iv.

[9] Aboulféda, t. III, p. 583; Tchamitch, t. III, p. 45, 78, 147 et suiv.

[10] Étienne Orbélian, c. iv, p. 84 et suiv. Brosset, *Histoire de la Géorgie*, p. 387.

Giorgi s'associa sa fille Thamar, et la fit reconnaître pour son successeur (1178)[1]. Giorgi mourut en 1184[2].

IMITATION DES MONNAIES ARABES.

19. كيبوركي ملك الملوك حسام المسيح. — *Giorgi, roi des rois, glaive du Messie.* — Un double rang d'entrelacements de nœuds en forme de feuilles de lierre entoure le chiffre de *Giorgi*, ᏀᎿᏆ, placé dans le champ.

R̸. Dans les rayons d'un ornement en forme d'étoile à cinq branches, dont les pointes sont reliées entre elles par des guirlandes de nœuds formant cartouches : المقتنى لامر الله امير المومنين. — *Al-Moktafy Liamr' Illah, prince des croyants.*

Cuivre, différents modules. — Pl. III, nᵒˢ 15, 16.

Cabinet de l'Ermitage et collection Barataïeff; cabinet de France (don du général de Bartholomæi).

Barataïeff, part. III, p. 14-15, 90-91, pl. I, 7 et IV, 5. — Brosset, *Revue*, p. 59. — *Mél. asiat.* t. III, p. 82, 83, 89, 98. — Bartholomæi, *Lettres*, p. 112, notes, pl. II, 4.

Cette médaille et ses variétés se rencontrent sous deux aspects très-différents; certains exemplaires sont d'un module assez grand, mais les pièces sont minces et peuvent se ployer à la moindre pression (nᵒ 16); d'autres, au contraire, sont plus petits et offrent plus d'épaisseur (nᵒ 15), quoique leur poids soit à peu près équivalent à celui des premiers. Ces monnaies ont été frappées entre les années 1156 et 1160, puisque Giorgi monta sur le trône en 1156 et que l'abbasside Al-Moktafy mourut en 555 hég. (1160 È. Chr.). Cependant, comme on trouve une lacune de quatorze ans entre la fabrication de ces monnaies et celles de Giorgi III avec la date du cycle pascal 394 (1174 È. Chr.), on peut supposer que l'émission s'en continua même après la mort du khalife. La numismatique orientale offre, au surplus, plusieurs exemples de ce genre, et l'on rencontre souvent des monnaies portant des noms de souverains qui, depuis de longues années, avaient cessé d'exister[3]. Certaines médailles frappées en Europe fournissent aussi de semblables

---

[1] Brosset, *Hist. de la Géorg.* t. I, p. 400.
[2] *Ibid.* p. 401, add. p. 257, 265.

[3] Cf. Wéliaminoff-Zernoff, Монеты Бухарскія и Хивинскія (Saint-Pétersbourg, 1859).

anachronismes; il suffit de citer les monnaies de Gênes, qui furent émises pendant très-longtemps avec le nom de l'empereur d'Allemagne Othon II, et celles de la colonie génoise de Chio, où figure constamment le nom de l'empereur Conrad II, etc.

———

20. كيورکی ملك الملوك حسام المسيح. — *Giorgi, roi des rois, glaive du Messie.* — Un double rang d'entrelacements de nœuds en forme de feuilles de lierre entoure le chiffre de *Giorgi*, ᲩᲘ, placé dans le champ.

Ɍ. Semblable au type du droit.

Cuivre, pièce épaisse, inédite. — Pl. X, n° 1.
Cabinet de France (don Bartholomæi).

———

21. Le roi, coiffé d'une couronne crucigère, vu de face, et assis à la manière orientale, tient un faucon de la main droite. A sa gauche, le chiffre de *Giorgi*, Გ, en caractères mkhédrouli; dans le champ, la date ᲗᲠᲚᲓ (300, 90, 4 = 394), soit la 394ᵉ année du *chronicon*, ou cycle pascal (1174 È. Chr.).

Ɍ.

ملك الملوك	*Le roi des rois,*
كيورکی بن ديمطری	*Giorgi, fils de Dimitri,*
حسام المسيح	*glaive du Messie.*

Cuivre, grand module; trois variétés de coins sans la date. — Pl. IV, n° 1.
Cabinet de l'Ermitage; collection Barataïeff.

Adler, *Coll. nov.* p. 117. — *Comm. soc. Gott.* t. XIV, pl. IV, 5. — Castigliom, p. 344. — Marsden, *Numism. orient.* n° 319. — Krafft, *Rüpenisch. Münzen*, p. 24. — Barataïeff, part. III, p. 6-12, pl. I, 1-4. — Brosset, *Revue*, p. 57 et suiv. — *Mél. asiat.* t. III, p. 87, 98, n° 6. — Bartholomæi, *Lettres*, XV, p. 64, pl. II, 5.

———

22. Le roi, coiffé d'une couronne crucigère, vu de face, et assis à la manière orientale, tient un faucon de la main gauche. A sa droite, le chiffre de *Giorgi*, Გ; dans le champ : ᲗᲑᲠᲚᲓ, *l'an 394* (1174 È. Chr.).

Ɍ.

ملك الملوك	*Le roi des rois,*
كيورکی بن ديمطری	*Giorgi, fils de Dimitri,*
حسام المسيح	*glaive du Messie.*

Cuivre, grand module; deux variétés de coins. — Pl. IV, n° 2.
Collection Barataïeff; cabinet de France (don Bartholomæi).

Barataïeff, part. III, pl. I, 5, p. 12-14. — Brosset, *Revue*, p. 58-59. — *Mél. asiat.* t. III, p. 82.

La présence du faucon sur les monnaies de Giorgi III est un fait digne de remarque. Le général de Bartholomæi y trouve une preuve non équivoque de la passion des rois de Géorgie pour la chasse, surtout à cette époque[1], ainsi que l'attestent les Annales lorsqu'elles parlent des faucons bien dressés qui appartenaient au roi[2]. Nous savons, en effet, que parmi les grands officiers de la maison du roi, dont les noms et les titres sont exprimés à la fin des chartes, on voit figurer le *baziéri* ou fauconnier, qui remplissait auprès des souverains de Tiflis la charge de grand veneur[3].

Les dates qui se remarquent sur les médailles géorgiennes, à partir de la seconde moitié du règne de Giorgi III jusqu'à la fin de celui de Rousoudan, sont d'une très-grande importance, parce qu'elles peuvent servir à contrôler celles qui se trouvent dans les Annales, et à rectifier certains points de la chronologie géorgienne que Wakhoucht, le royal chronographe, a souvent indiqués d'une manière fautive. Les dates inscrites sur les monuments numismatiques de la Géorgie depuis Giorgi III jusqu'à Rousoudan d'une part, et ensuite sur ceux du règne de Constantin II, sont celles du cycle pascal ou chronicon ქრონიკონი, mot formé d'après le grec χρονικόν, et qui consiste en une succession de cycles de 532 ans, dont le premier a commencé à la création du monde, fixée par les computistes à l'an 5604 avant la naissance du Christ[4]. Depuis l'ouverture de notre ère, les cycles géorgiens s'échelonnent de la manière suivante : La première année du XIIe cycle commence en 249 de notre ère; la première du XIIIe, en 781, et enfin la première du XIVe, en 1313.

Les monnaies de Giorgi III et de ses successeurs portent donc l'indication des années du XIIIe cycle, dont le point initial est l'an 781 de notre ère[5]. On ne connaît pas encore le moment précis de l'introduc-

---

[1] Bartholomæi, *Lettres*, XII, p. 54.

[2] Brosset, *Histoire de la Géorgie*, t. I, p. 397.

[3] Le même, *Introduction à l'Histoire de la Géorgie*, p. CLXV et suiv.

[4] *Ibid.* p. LVI et suiv.

[5] Brosset, *Introduction à l'Histoire de la Géorgie*, p. LVI et suiv. Akhwerdoff, *Divan de Saïath-Nova*, p. 49; Éd. Dulaurier, *Recherches sur la chronologie arménienne*, Ire partie, append. p. 171 et suiv.

tion du cycle de 532 ans en Géorgie; on sait seulement que la première mention du chronicon se trouve dans l'histoire au ixe siècle de
notre ère, lorsque l'annaliste fixe la mort d'Achot, survenue en 826
de l'ère chrétienne, qu'il dit être la quarante-sixième du chronicon [1].
M. Brosset conjecture que le cycle de 532 ans paraît avoir été introduit en Géorgie par les Syriens, car dans un manuscrit de Mtzkhétha [2],
qui est un traité de comput daté de l'an 6741 suivant les Grecs, 6837
d'après les Géorgiens, qui correspondent à l'année 1233 de J. C.
il est nommé cycle syrien. Il est très-probable que ce cycle, ayant été
calculé pour les années antérieures à Jésus-Christ, aura produit cette
ère mondaine de 5604 dont il existe plusieurs mentions dans différents
ouvrages de la littérature géorgienne [3].

Mais la particularité la plus remarquable que nous offrent les dates
géorgiennes inscrites sur les monnaies de Giorgi III et de ses successeurs est sans contredit la présence presque constante d'une même
année pour chaque règne. Cette circonstance, qui est de nature à faire
supposer que les princes géorgiens n'avaient battu monnaie qu'à une
seule époque de leur règne, est en contradiction avec la grande quantité de numéraire qui a été mise en circulation par certains souverains,
et nous autorise à conjecturer que les graveurs des monnaies recopiaient servilement les types précédents sans tenir compte des changements d'années survenus pendant la fabrication. A l'appui de cette
théorie, nous ferons remarquer que l'usage d'inscrire une même
année sur les monnaies pendant toute la durée d'un règne était commun à plusieurs souverains orientaux, ainsi que les pièces des derniers
khans de Crimée et des sultans ottomans depuis Moustapha III jusqu'à
une époque assez rapprochée de nous en fournissent des exemples
concluants [4]. On pourrait cependant objecter à cela que si l'usage d'ins-

[1] Brosset, *Hist. de la Géorg.* t. I, p. 264.
[2] *Bull. hist.-phil. de l'Académie des sciences de Saint-Pétersbourg*, n° 15; Brosset, *Histoire de la Géorgie*, t. I, add. p. 188, note 1.
[3] Brosset, *Introduction à l'Histoire de la Géorgie*, p. LVI et suiv.
[4] Fræhn, *Recensio, passim; Nova suppl. ad. Recens. passim;* Bartholomæi, *Lettres*, p. 3, note de M. Brosset.

crire l'année de l'avénement sur toutes les monnaies frappées sous le
règne d'un même souverain avait été adopté par les Géorgiens aux
xiie et xiiie siècles, on ne devrait pas rencontrer d'autres dates, comme
par exemple les années 407 et 430 du chronicon sur les monnaies
de Thamar et les années 447 et 450 sur celles de Rousoudan. Pour
nous, cette uniformité de dates s'explique encore d'une autre manière,
et nous croyons qu'il n'est pas impossible d'admettre que les monarques
géorgiens employaient les mêmes matrices pendant plusieurs années
jusqu'au moment où, ces matrices étant mises hors de service après un
long usage, les graveurs des monnaies fabriquaient de nouveaux coins,
sur lesquels ils inscrivaient la date de l'année courante.

VII.

Thamar (1184-1212). — Giorgi le Novogorodien et Dawith III Soslan.

L'histoire ne nous apprend que fort peu de chose touchant les événements qui s'accomplirent pendant le règne de Thamar, et tout nous
porte à croire que la vie de cette princesse, telle que nous la lisons
dans la compilation publiée par le savant éditeur des Annales, est
une apologie qui aura été intercalée après coup à la place que devait
occuper la chronique de Thamar, chronique qui se sera perdue ou
dont le compilateur géorgien n'aura pas tenu compte. Cette apologie
ne paraît pas du reste avoir été faite en l'honneur de Thamar, mais bien
dans le but de rehausser l'éclat d'une famille géorgienne, les Mkhargr-
dzélidzé [1], auxquels l'auteur attribue toutes les victoires remportées par
les armées de la reine de Géorgie. Tout en tenant compte des renseignements que renferme ce document, nous avons cru devoir recourir
aussi, pour plus de sécurité, aux chroniques arméniennes et arabes à
l'aide desquelles on parvient plus aisément à retracer les événements
accomplis pendant le règne de Thamar. Ces chroniques nous apprennent
que les éristhaws et les évêques de la Géorgie, s'étant assemblés à la
mort du roi, nommèrent Thamar, qui avait été associée au trône par

[1] Brosset, *Histoire de la Géorgie*, add. XVI, p. 266 et suiv.

son père, à la fois roi et reine de Karthli[1] et s'occupèrent de lui choisir
un époux qui l'aidât à supporter le poids de sa couronne. Leur choix
tomba sur Georges, fils d'André Bogolioubskoï, prince des Novogoro-
diens[2], qu'elle fut obligée de répudier peu de temps après son mariage
à cause des désordres auxquels il se livrait[3]. Sur ces entrefaites les Turks
du Ran et de Gélakoun firent une incursion dans le canton de Pala-
catzio, mais ils furent repoussés par les troupes de Thamar, qui s'emparèrent de Chirag. La reine, cédant aux vœux de ses éristhaws, épousa
en secondes noces un Géorgien de sang royal, prince d'Oseth[4], nommé
Dawith Soslan (1193)[5]. A cette nouvelle le premier mari de Thamar
excita plusieurs révoltes en Géorgie, se fit nommer roi à Gégouth et
s'avança dans le Karthli, où ses troupes furent complétement battues
par l'armée commandée par Dawith[6]. D'autres victoires attendaient
encore les Géorgiens; l'atabek Amir-Miran et les Persans, appuyés par
les forces des émirs de Baghdad, de Mossoul, d'Asori, de l'Adherbéi-
djan, de l'Aran et même de l'Inde, vinrent ravager la Géorgie. Dawith
les atteignit dans le voisinage de Gandza, près de la montagne de Gélakoun, et les vainquit. De là il s'avança sur Gandza, Tovin et Melaz-
kerd dont il s'empara (1203)[7]. Effrayé de tant de succès, Rokn-eddin,
fils de Kilidj-Arslan, réunit ses troupes et marcha contre celles de Thamar; les deux armées se rencontrèrent dans un lieu appelé *Bolositec*,
où les Turks furent mis en pleine déroute[8]. Profitant des succès de son
armée, Thamar aida l'empereur Alexis dans la conquête de Trébizonde
(1204), reprit ensuite Kars (1206)[9] et Ani (1209) aux musulmans

[1] Brosset, *Hist. de la Géorg.* t. I, p. 403;
Ét. Orbélian, c. v, p. 101 et suiv.

[2] Karamzin, *Histoire de la Russie*, t. II,
p. 265, t. III, p. 137; Eugénius, *Hist. Ge-
malde von Gruzien*, p. 26 et suiv. Brenner,
Ser. princ. Iberiæ, p. 30; Klaproth, *Reise in
Kaukas.* t. II, p. 179 et suiv. Boudkoff,
dans le Сѣверный Архивъ (1825) n° 4,
p. 317-333, Обракахъ князей Русскихъ
съ Грузинами и Ясынями въ XII° вѣкѣ.

[3] Brosset, *Hist. de la Géorgie*, p. 403 et

suiv. et addit. XVII, § 3, p. 288 et suiv.

[4] Ét. Orbélian, c. v; Brenner, p. 30.

[5] Brosset, *Hist. de la Géorg.* p. 420.

[6] *Ibid.* p. 424 et suiv.

[7] Ibn-Alatir, cité dans les *Extraits des
historiens arabes* de M. Defrémery, p. 55 et
suiv. Ét. Orbélian, c. v, p. 101.

[8] Brosset, *Hist. de la Géorgie*, p. 456;
Defrémery, *op. cit.* p. 59.

[9] Ibn-Alatir, p. 63; Vartan, p. 109.

8.

qui s'en étaient emparés [1]. C'est vers cette époque que mourut Dawith [2]. L'armée géorgienne, privée de son chef naturel, n'en continua pas moins le cours de ses conquêtes; l'Irak, le Khorassan, Marand, Thavrej, Miane, Zangan et Kazmin tombèrent au pouvoir des chrétiens, et la reine, avant de mourir, vit ses armées triomphantes rentrer dans Karthli (1211) [3]. En 1207, Thamar avait associé son fils Giorgi IV à l'empire et l'avait fait reconnaître roi par les prélats et les éristhaws du royaume.

A. MONNAIES DE THAMAR SEULE.

23. ႼႬႱ ႭႱ : ႱႼႮႡႭ ႭႠჄႭ ჄႼჄჄ ႿႭჄႱჄ ႼႦႭ ႾႬႱჄ ჄႠႱ. — *მოჭრილი* ႭჄ *ხასცლათა თქუთსათა იქნა ჭჯოსა ჳჯეხცრისა მ̄ოჩ.* — *En l'année 407 (1187 È. Chr.) a eu lieu la fabrication de cette monnaie.* — Au centre de la pièce, le chiffre de la reine *Thamar*, formé avec les lettres entrelacées თამარ, de l'alphabet mkhédrouli, dans une guirlande de nœuds en forme de feuilles de lierre.

℞.

الملكة المعظمة	*La reine magnifique,*
جلال الدنيا والدين	*splendeur du monde et de la religion,*
تامار ابنه كيوركى	*Thamar, fille de Giorgi,*
ظهير المسيح	*aide du Messie.*
اعز الله انصاره	*Que Dieu glorifie ses victoires!*

En marge : ضاعف الله اجلالها وايد اقبالها اظفرها — *Que Dieu agrandisse sa gloire et fortifie sa prospérité!*

Cuivre. Pièces épaisses, de différents modules. Une variété avec la date ႼႬ, 430 du chronicon (1210 È. Chr.). — Pl. IV, n°ˢ 3 à 9.

Cabinet de l'Ermitage et collection Barataïeff; cabinet de France (don Bartholomæi).

Adler, *Coll. nov.* p. 17. — Erdmann, *Num. as. Mus. Cas.* t. II, p. 753. — *Comm. soc. Gotting.* t. XIV, p. 71. — *Mémoires de l'Académie des sciences de Saint-Pétersbourg*, t. IX, p. 79, 80, pl. XXI, 55. — Fræhn, *Recensio*, t. I, p. 540. — Castiglioni, p. 346, pl. XVII, 7, 8. — *Journal asiatique* (1836), p. 13, 15. — Brosset, *Revue*, p. 60, 65. — Brosset, *Rapports sur un voyage*, etc. t. I, p. 15. — Brosset, *Histoire de la Géorgie*, add. p. 298. — Barataïeff, part. III, pl. II, 1-16; pl. III, 17-19, p. 17, 36. — *Mél. asiat.* t. III, p. 98, n°ˢ 12, 17.

------

[1] Ibn-Alatir, p. 56 et suiv. *Bulletin de l'Académie des sciences de Saint-Pétersbourg*, t. X, p. 325.

[2] Saint-Martin, *Mém. sur l'Armén.* t. II, p. 249; Brosset, *Hist. de la Géorg.* p. 460.

[3] Ét. Orbélian, c. v; Aboulfaradj, *Chron. Syr.* p. 401 et suiv. Aboulféda, *Ann. Mosl.* t. IV, p. 61; Tchamitch, t. III, p. 148 et suiv.

Les ornementations tracées sur les médailles de Thamar, sur celles de Giorgi le Novogorodien, son premier mari, et sur les pièces de Giorgi IV Lacha, son fils, sont analogues à celles que nous avons déjà eu l'occasion de signaler sur le numéraire fabriqué au commencement du règne de Giorgi III. Ces ornementations disparurent sur les monnaies de Rousoudan, dont les réformes eurent pour but d'apporter non-seulement des modifications dans la fabrication des monnaies nationales, mais encore de changer les types que ses prédécesseurs avaient adoptés.

En examinant la série des monnaies géorgiennes de Thamar, des deux Giorgi et de Dawith Soslan, on est frappé du peu de soin qui présida à la fabrication de ces monnaies et du procédé véritablement barbare au moyen duquel le métal était converti en numéraire. Ce procédé consistait à appliquer avec le poinçon, sur des morceaux de cuivre informes et qui n'étaient point encore entièrement refroidis, les empreintes de la face et du revers. Peu importait que ces empreintes fussent complétement appliquées sur le métal; la monnaie était réputée bonne, du moment qu'on pouvait distinguer quelques lettres de la légende ou quelques traits de l'ornementation. Quand le morceau de cuivre était trop large et présentait une surface étendue, on y appliquait le coin par deux fois, et on a même trouvé des lingots qui portent au droit et au revers huit empreintes; telles sont, par exemple, les deux monstrueuses monnaies de Giorgi Lacha des collections Barataïeff et Bagration-Moukhransky. Le désordre qu'un semblable numéraire dut apporter dans les transactions fut sans doute une des raisons principales qui nécessitèrent la réforme monétaire de Rousoudan. Le général de Bartholomæi, qui a cherché à expliquer la cause de cette fabrication singulière, suppose que la monnaie géorgienne était à cette époque affermée à des particuliers qui devaient en fournir des quantités déterminées aux trésoriers du roi, et qu'ensuite ceux-ci donnaient à ces monnaies un cours légal en y faisant appliquer par des officiers commis à cet effet des contre-marques que l'on changeait à chaque renouvellement de règne Selon ce savant numismatiste, le monnayage géorgien à cette époque était divisé en deux : «Les monnaies de forme ronde et régulière de-

« vaient être frappées dans un hôtel des monnaies appartenant à la cou-
« ronne, tandis que la plus grande quantité des espèces était émise par
« des sortes de fermiers qui achetaient ce droit pour un certain prix et
« pour un terme quelconque (на откупу) [1]. » L'auteur des *Lettres numis-*
matiques sur la Transcaucasie rappelle à ce sujet que la fabrication du
numéraire dans quelques États de l'Europe au moyen âge était donnée
à titre de fermage à des particuliers; ainsi, par exemple, en Suède et
en Danemark, en Allemagne et en Pologne, ce furent des juifs qui,
pendant un certain temps, eurent le privilége de frapper monnaie, et
on connaît des pièces que ces derniers firent graver avec le nom du
roi Micislas en caractères hébreux. On sait au surplus que la monnaie polonaise, pendant le moyen âge et particulièrement à la fin du
xiie siècle, donna lieu à des abus tellement graves que le pape Innocent III, en 1207, s'en plaignit ouvertement dans les lettres qu'il
adressa à ce sujet aux fidèles du royaume de Pologne [2].

Nous avons dit un mot des contre-marques imprimées après coup sur
les monnaies de Thamar. Personne n'ignore que l'usage de frapper
avec un poinçon une seconde empreinte sur les monnaies avait pour
but, dans l'antiquité, comme aussi au moyen âge, soit de doubler la
valeur de la pièce qui l'avait reçue, comme si le prix d'un métal s'élevait par l'application d'une nouvelle marque, soit de rendre à une
monnaie tombée en désuétude le caractère légal propre à la remettre
en circulation, soit enfin de convertir à l'usage d'un État les monnaies
d'un État voisin ou étranger. Les anciens mentionnent à différentes
reprises l'usage qui consistait à appliquer des contre-marques sur le
numéraire pour doubler la valeur de la monnaie; c'est le procédé que
Polyen désigne par ces mots : ἄλλον χαρακτῆρα ἐπιϐάλλειν [3], en par-
lant de la réforme monétaire de Leucon, roi du Bosphore [4], et qu'Aristote signale aussi dans des termes à peu près semblables, lorsqu'il
raconte le stratagème que Denys de Syracuse employa pour se libérer,

[1] Bartholomæi, *Lettres*, I, p. 3.
[2] *Lettres d'Innocent III, ad ann.* 1207.
[3] Polyen, *Stratag.* VI, c. ix, § 1.
[4] *Nov. act. Acad. scient. Petropol.* t. XIV (1805), p. 118.

sans bourse délier, des emprunts qu'il avait faits à ses sujets : Ἀνενεχ-
θέντος δὲ τοῦ ἀργυρίου, ἐπικόψας χαρακτῆρα, ἐξέδωκε τὴν δραχμὴν
δύο δυναμένην δραχμὰς, τότε ὀφειλόμενον πρότερον ἀνήνεγκαν πρὸς
αὐτούς[1]. On trouve dans les écrits d'Aristote d'autres passages où le
mot χαρακτήρ a le sens de contre-marque. Sans vouloir chercher
à établir aucune comparaison entre les banqueroutes politiques de
l'antiquité et les nécessités économiques qui obligèrent les rois de
Géorgie à frapper d'une contre-marque leur numéraire, nous allons cependant essayer de démontrer que l'impression d'une seconde empreinte
sur les monnaies géorgiennes avait pour but d'élever en certains cas la
valeur du numéraire. On sait que le trésor royal de Géorgie fut souvent
épuisé par suite des guerres continuelles que les souverains du pays
eurent à soutenir avec les musulmans, et des tributs onéreux qu'ils
étaient obligés de leur payer. Cette disette de numéraire les mettait
dans l'obligation de donner à leurs monnaies une valeur plus grande
que celle qu'elle devait avoir légalement, et dans ce but, on peut croire
qu'ils élevèrent le taux de leur numéraire, en faisant imprimer sur les
pièces une contre-marque qui en augmentait la valeur. Si, comme nous
le supposons, la contre-marque appliquée sur les monnaies à certaines
époques de disette pécuniaire donnait une valeur supérieure au numéraire, il ne faudrait pas en tirer cette conclusion rigoureuse, que les
contre-marques des monnaies géorgiennes avaient toujours cette signification. En effet, sous Rousoudan, par exemple, où le numéraire reparut
en abondance par suite de la prospérité qui signala la seconde partie
du règne de cette princesse, les contre-marques que les officiers de ses
hôtels des monnaies firent imprimer sur les pièces de Thamar, de
Dawith III et de Giorgi IV, eurent pour résultat de donner à ces pièces
un nouveau cours, et de retirer de la circulation les monnaies altérées
ou contrefaites, qui avaient fait déconsidérer le numéraire émis par ses
prédécesseurs. Le général de Bartholomæi, qui a compris toute l'importance que les contre-marques peuvent avoir pour l'histoire des variations
de la valeur du numéraire en Géorgie, suppose qu'une cause tout à

---

[1] Aristote, *OEconom.* liv. II.

fait différente de celle que nous venons d'indiquer motiva l'application des contre-marques sur les monnaies royales. D'après les conjectures de ce savant, la frappe des monnaies de cuivre étant un privilége accordé à des sortes de fermiers monétaires par la couronne qui s'était réservé le droit de fabriquer le numéraire d'argent, celle-ci donnait un cours légal aux monnaies de cuivre en y faisant imprimer une contre-marque qui représentait, soit une ou plusieurs lettres du nom du souverain alors régnant, soit son chiffre formé de lettres enchevêtrées, soit enfin l'indication de la valeur de la monnaie [1].

On trouve sur les monnaies de Thamar les contre-marques suivantes :

Un Ⴇ avec ou sans point dans la panse. Poinçon carré. — Pl. IV, n°s 4, 6, 8, 9.

Le chiffre abrégé de Rousoudan, formé de plusieurs lettres enchevêtrées. Poinçon rond. — Pl. IV, n° 6.

Le même chiffre, plus compliqué. Poinçon rond. — Pl. IV, n°s 5, 9.

Un Ѳ dans un octogone.

Un monogramme, formé des lettres ႫჄ, et affectant la forme du ж manuscrit. Poinçon carré.

Un autre, présentant les lettres ႱჄ enchevêtrées.

B. MONNAIES DE THAMAR ET DE GIORGI LE NOVOGORODIEN, SON PREMIER MARI.

24. Dans les huit cartouches formés par un entrelacement de nœuds : ..... ႱႣႣჄ ႨჀ ႵႼჀჃ ႵႼჀ. — ..... ღႧႬ ႨჀ ႫႴჄႬ ႫႴႬ. — .....
Ô Dieu, exalte le roi des rois ! — Au centre de la pièce, ႧႫႰ, *Thamar*.

R^c. Dans les six cartouches formés par un entrelacement de nœuds : ႱႣႣჄ ႨჀ ႵႼჀჃ ႵႼჀ. — *Ô Dieu, exalte le roi des rois !* — Au centre de la pièce, ႢႨ, *Giorgi*.

Cuivre. Pièces minces et épaisses, de modules très-variés. Une variété. — Pl. IV, n°s 10 à 13.

Cabinets de France (don Bartholomæi) et de l'Ermitage; collections Barataïeff, du Musée asiatique de Saint-Pétersbourg, et de Lutsenko.

[1] *Mél. asiat.* t. III, p. 89; Bartholomæi, *Lettres*, I, p. 3.

Journal asiatique (1826), p. 19. — Barataïeff, part. III, p. 79 et suiv. pl. IV, 1-4. — Brosset, *Revue*, p. 67, 68, pl. nᵒˢ 1, 2. — *Mél. asiat.* t. III, p. 99, nᵒ 18. — Dorn, *Suppl. ad. Recens.* p. 392 et suiv. — *Bull. hist.-phil.* t. X, p. 108.

« Jusqu'à présent, dit le général de Bartholomæi dans une des lettres
« qu'il nous fit l'honneur de nous adresser, personne n'est parvenu à
« découvrir un exemplaire de cette monnaie avec une légende com-
« plète. Cependant je n'hésite pas à attribuer cette monnaie au pre-
« mier mari de Thamar, puisque Giorgi-Lacha, son fils, sur toutes les
« monnaies connues de lui, est expressément nommé « fils de Thamar, »
« et que sur la pièce dont il s'agit, il n'est nullement fait mention de sa
« parenté. » Ce qui donne plus de poids encore à l'attribution que propose le savant numismatiste russe, c'est la découverte toute récente
qu'il vient de faire de plusieurs monnaies de Giorgi Lacha, analogues
pour le type aux pièces de cuivre de Thamar seule, et où le fils de la
reine de Géorgie est appelé كيوركي بن تامار. Il est donc hors de doute
que, si la monnaie que nous venons de décrire avait été fabriquée par
ce personnage, il n'eût pas manqué de mentionner son origine. Quand
on découvrira un exemplaire bien conservé de la monnaie en question,
il est probable que le commencement de la légende du droit offrira
une date qui permettra, sans nul doute, de fixer avec une entière certitude l'attribution que le général de Bartholomæi a proposée.

C. MONNAIES DE THAMAR ET DE DAWITH III SOSLAN, SON SECOND MARI.

25. ✝ᎻᏕᎷᏕ : ᏌᏂᏕ : ᎦᏌᎡ. — *En l'année 420 (1200 È. Chr.),* Thamar, Dawith. — Au centre, une figure en forme d'arbalète (?). Grènetis.

℞.   ملكة الملكات   *La reine des reines,*
    جلال الدنيا والدين   *splendeur du monde et de la religion,*
    تامار ابنة كيوركي   *Thamar, fille de Giorgi,*
    ظهير المسيح   *aide du Messie.*

Grènetis.

Cuivre. Grand module. — Pl. V, nᵒˢ 1 à 3.
Cabinets de l'Ermitage et du Musée asiatique de Saint-Pétersbourg; collection Barataïeff; cabinet de France (don Bartholomæi).

Adler, *Coll. nov.* p. 164, 176. — Arigoni, t. IV, pl. XIII, 37; pl. XVII, 74. — *Comm. soc. Gott.* t. X, 2ᵉ comm. p. 7, pl. III, 3, 4; t. XIV, 6, 7. — Fræhn, *Recensio*, p. 150. — Marsden, *Num. or.* t. I, p. 320. — *Journal asiatique* (1836), p. 17. — Brosset, *Revue*, p. 65, 67. — Barataïeff, part. III, pl. III, 1, 6, p. 37-78. — *Mél. asiat.* t. III, p. 98-99, n° 4. — Dorn, *Suppl. ad Recens.* p. 392.

____

26. **ᴖᴈᴑ : ᴆ**. — *Thamar, Dawith.* — Une croix en chef de la médaille; le tout dans une guirlande.

℟. Champ de grènetis.

Cuivre. Petit module. — Pl. V, n° 4.
Collection Barataïeff.

> Barataïeff, part. III, p. 44-45, vign.

Quelques-unes des monnaies de Thamar et de Dawith Soslan portent aussi des contre-marques :

Un **ᴆ**. Poinçon carré.
Un **ᴆ** suivi d'un signe qui affecte la forme d'un ﺱ arabe. — Pl. V, n° 2.
Un **✠** et un signe indéterminé.
Une double contre-marque, présentant les signes **7** et **☉**. Poinçons carrés. — Pl. V, n° 3.
Le chiffre abrégé de Rousoudan. Poinçon rond.

VIII.

Giorgi IV Lacha (1207. Seul 1212-1223).

Giorgi IV avait partagé avec sa mère Thamar le pouvoir souverain dès l'année 1207, en sorte que son avénement au trône date, pour ainsi dire, de ce moment. Cependant ce ne fut qu'à la mort de Thamar, survenue en 1212, que Giorgi prit en main les rênes du gouvernement. L'atabek de Gandza, qui était vassal des rois de Géorgie auxquels il payait le kharadj, profitant de la mort de la reine Thamar, chercha à reconquérir son indépendance; mais le roi marcha contre lui et le fit rentrer dans le devoir. Les résultats heureux de cette campagne avaient affermi l'autorité de Giorgi, et le pays commençait à jouir du calme de la paix, quand les Tatars, commandés par Soubadah-Béhadour et Tchépeh-Nouwian, lieutenants de Djendjis-khan, pénétrèrent dans la Géorgie avec la résolution de la conquérir (1220)[1]. Giorgi, ayant rassemblé des troupes, se porta au-devant des ennemis qu'il rencontra sur la Berdjoudj, aujourd'hui Sagana[2]. Les Géorgiens furent complétement battus. Les Tatars entrèrent alors dans le Qiph-tchaq et revinrent, en tournant la mer de Derbend, à Qaraqoroum, où les attendait Djendjis-khan[3]. De là, une nouvelle armée partit pour attaquer Djélal-eddin, sultan de Kharizm, qui s'enfuit et vint s'établir en Géorgie avec son armée (1220)[4]. Trois ans après ces événements, Giorgi mourut, laissant le trône à sa sœur Rousoudan (1223)[5].

A. MONNAIES DE THAMAR ET DE GIORGI IV.

27. ᲢᲕᲜ ᲔᲚᲜᲗ ᲘᲗᲜᲗ ᲒᲥᲚᲪ ᲪᲐᲘᲪᲚᲗ ᲕᲑᲚᲗᲜᲗ ᲪᲗᲜ. — *En l'année 430 (1210 È. Chr.) a eu lieu la fabrication de cette monnaie.* — Au centre de la pièce, le chiffre de la reine *Thamar*, თამარ, en lettres enchevêtrées de l'alphabet mkhédrouli, dans une guirlande de nœuds en forme de feuilles de lierre.

℞. الملك المعظم *Le roi magnifique,*
جلال الدنيا والدين *splendeur du monde et de la religion,*
كيوركي بن ثامار *Giorgi, fils de Thamar,*
ظهير المسيح *aide du Messie.*
اعز الله انصاره *Que Dieu glorifie ses victoires !*

En marge : ضاعف الله جلالها وايد اقبالها اطفرها . — *Que Dieu agrandisse sa gloire et fortifie sa prospérité !*

Cuivre. Pièces épaisses de différents modules. Inédites. — Pl. V, n°ˢ 5-6.
Cabinet de France (don Bartholomæi).

On voit, sur les deux seules monnaies de Giorgi IV connues jusqu'à ce jour, et dont la découverte et l'attribution sont dues au général de

------

[1] Étienne Orbélian, c. VI; Ibn-Alatir, cité par M. Defrémery, *Extr. des hist. arabes*, p. 70 et suiv. Sanuto, *Secr. fid. cruc.* liv. III, part. 7, c. III, V.

[2] Journal asiatique (1858); Dulaurier, *Les Mongols d'après les historiens arméniens*, § I, II; Vartan, *Hist. univ.*

[3] Tchamitch, t. III, p. 202; Defrémery, *Histor. arabes*, p. 75 et suiv.; Brosset, *Histoire de la Géorgie*, t. I, p. 485-496.

[4] Ibn-Alatir, cité par Defrémery, *loc. cit.*

[5] Brosset, *Histoire de la Géorgie*, p. 481-485.

Bartholomæi, deux contre-marques, dont l'une offre le grand chiffre
de Rousoudan et l'autre le chiffre abrégé de cette princesse.

———

28. Légende khoutsouri en quatre lignes, occupant tout le champ de la pièce : ✠
ႡႨჃ — ႴႨႱ ႭჃჃჄႱ Ⴣ — ႱႠႠჄႠ ჅႠႠჄ — ႬႠ ႭჃႱႠ.
— ✠ გიორგი მეფის თამარის ძისასა, ჯავახთ უფლისა. — *Giorgi, fils de la reine Thamar,
seigneur de Djawakheth. — Grènetis.*

R̃. الملك المعظم   *Le roi magnifique,*
جلال الدنيا والدولة   *splendeur du monde et de l'empire,*
كيوركي بن تامار   *Giorgi, fils de Thamar,*
حسام المسيح   *glaive du Messie.*

Grènetis.

Cuivre. Moyen module. — Pl. V, n° 7.
Cabinet de l'Ermitage et collection Barataïeff.

Adler, *Mus. cuf. Borg.* p. 59, pl. XXXII, et *Coll. nova*, p. 174, n° 112. — Erdmann, *Num. as.
mus. Cas.* t. II, p. 753. — *Comm. soc. Gott.* t. XIV, p. 90, pl. XIX, 3. — Castiglioni, p. 348,
pl. XVIII, n° 9. — Marsden, *Num. orient.* p. 34, pl. XVIII, n° 310. — *Journ. asiatique* (1836),
p. 19, 24, 25. — Brosset, *Rapports*, II, p. 112, et *Histoire de la Géorgie*, add. p. 375. —
Barataïeff, part. III, pl. IV, 1, p. 92-94. — *Mél. asiat.* t. III, p. 99, n° 25.

Le titre de seigneur de Djawakheth, que prend Giorgi sur cette
monnaie, rappelle la conquête que ce prince fit de cette province sur
son neveu Wakhtang, qui, en 1220, s'était révolté contre lui. Cet événement est raconté très en détail dans une histoire manuscrite du couvent de Largwis[1]. Le Djawakheth, situé à l'est du Karthli, était un fief
de la couronne de Géorgie[2] qui retourna au roi après que Giorgi eut
comprimé la révolte de son neveu. C'est cette province que les Arméniens désignent sous le nom de Ջավախք ou Ջավախ[3].

Le surnom arabe qui est donné à Giorgi dans l'inscription arabe de
la médaille, جلال الدنيا, et qui signifie, à la lettre, «splendeur du

____

[1] Brosset, *Histoire de la Géorgie*, t. I,
add. xxi, p. 375.
[2] Wakhoucht, *Géogr.* p. 96 et suiv.

[3] Moyse de Khorèn, liv. II, c. vii; Matthieu d'Édesse, ch. cvi.

monde, » n'est autre chose que la traduction exacte du mot ლაშა, *lacha,*
qui, en langue aphsare, veut dire « celui qui éclaire le monde [1]. »

———

29. ႧႨႬ ႥႬ ႱႾႪႨႧႠ ႬႪႧႠ ႧႨႬ ႵႰႨႱႲႤႱ ႫႤႴႤႧႫႤႴႤ
ႣႫႤႬ. — ქართულსს **ვლ** სახლითა ლღოისათა იქნა ქმნა ვეცხლისა ამის. — *En
l'année 430 (1210 È. Chr.) a eu lieu la fabrication de cette monnaie.* — Au centre,
dans un entrelacement de nœuds, en deux lignes : **ႱႨ ႧႫ — ႧႫႤႴႤႬ.**
— გიორგი ძე თამარსა. — *Giorgi, fils de Thamar.*

R⸱. — بسام خدای پاک این سیم را زده اند بتاریخ چهار صد وسی سال — *Au
nom de Dieu pur, cet argent a été frappé en l'an 430 (1210 È. Chr.).* — Dans le
champ :

الملك الملوك	*Le roi des rois,*
جلال الدنیا والدین	*splendeur du monde et de la religion,*
کیورکی بن تامار	*Giorgi, fils de Thamar,*
حسام المسیح	*glaive du Messie.*

Grènetis.

Cuivre. Pièces épaisses de différents modules. Plusieurs variétés, sur lesquelles le coin a
été imprimé deux et quatre fois. — Pl. V, n⁰ˢ 8, 9, 10, 11; pl. VI, n° 1.

Cabinet de l'Ermitage; collections Barataïeff, de la princesse J. Bagration Moukhransky, et
cabinet de France (don Bartholomæi).

Fræhn, *Recensio,* p. 540. — Barataïeff, part. III, p. 87 et suiv: pl. IV, 1, 5; pl. V, 6, 14. —
Brosset, *Revue,* p. 68 et suiv. — *Bulletin hist.-phil. de l'Académie des sciences de Saint-Pétersbourg,* t. XIV, p. 248. — *Mél. asiat.* t. III, p. 85, 86, 88, n° 19. — Bartholomæi, *Lettres,* XX,
p. 73 et suiv. pl. II, 6.

C'est sous le règne de Giorgi Lacha que le persan paraît pour la première fois sur le numéraire géorgien. M. Brosset a fait observer que
sur le revers de la pièce que nous venons de décrire, la légende persane est la traduction de l'inscription géorgienne du droit. Un fait
curieux à signaler, c'est l'emploi du mot سیم, *argent,* dont le graveur
s'est servi pour désigner une monnaie de cuivre. Nous avons déjà fait
remarquer précédemment que les Orientaux avaient employé le mot
درهم pour désigner des pièces de cuivre, et que dans l'antiquité certaines monnaies de cuivre portaient des appellations particulières aux
pièces d'argent [2].

[1] Brosset, *Histoire de la Géorgie,* t. 1, p. 481. — [2] Cf. plus haut, p. 49 et suiv.

Le prince Barataïeff a signalé sur une monnaie de Giorgi Lacha, semblable à celle que nous venons de décrire, une contre-marque avec le chiffre abrégé de Rousoudan (pl. V, 10), et sur un second exemplaire le chiffre complet de cette reine (pl. VI, 1).

IX.

Rousoudan (1223-1247).

Dès qu'elle fut parvenue au trône, laissé vacant par la mort de son frère Giorgi, Rousoudan écrivit au pape Honorius III pour lui offrir de prendre part à la croisade qu'allait entreprendre Frédéric II, empereur d'Allemagne[1]; elle venait, en effet, de remporter des succès éclatants sur Djélal-eddin, qui avait envahi la Géorgie sous le règne précédent. Toutefois, Rousoudan ne put mettre son projet à exécution, car dans une seconde rencontre, Iwané, son connétable[2], fut battu à Garni par les Kharizmiens (1225)[3]. Enhardi par ce succès, Djélal-eddin entra dans l'Adherbeidjan et ravagea le pays de Dovin, Ani, l'Arménie et Gag jusqu'à Gandza (1226)[4]. Trois ans après, les Kharizmiens prirent Tiflis[5] et Khélath[6], mirent au pillage le Cambedchian, le Karthli, le Thrialeth, le Djawakheth, le Samtzkhé[7], le Tao et Ani[8]. En 1230, les armées de Rousoudan, ayant repris le dessus, chassèrent de la Géorgie les hordes de Djélal-eddin, qui furent poursuivies ensuite par les Tatars, sur les terres desquels elles avaient cherché un refuge. Djélal-eddin s'enfuit dans le Basian, où il trouva la mort (1231). Thouli, fils de Djendjis-khan, s'empara alors de toutes les positions occupées par les

[1] Raynald, *Ann. eccles.* t. XIII, p. 339-340, n° 17; Alb. des Trois-Fontaines, *Chr.* (*Rec. des hist. de France,* t. XXI, p. 693, 613); Saint-Martin, *Mém. sur l'Arménie,* t. II, p. 256.

[2] Raynald, *op. cit.* t. XIII, p. 340.

[3] Wakhoucht, p. 65; Ibn-Alatir, cité par Saint-Martin, t. II, p. 259, et par M. Defrémery, *Hist. arab.* p. 115 et suiv. Aboulfaradj, *Chron. Syr.* p. 459 et suiv. Ét. Orbélian, c. VI, p. 112; Vartan, *Hist. univ.*

[4] C. D'Obsson, *Hist. des Mongols,* t. III, p. 17; Vartan, *Hist. univ.*

[5] Wakhoucht, p. 65.

[6] Tchamitch, t. III, p. 203; Niçawi, *Biogr. de Djélal-eddin,* c. LV; C. d'Ohsson, *op. cit.* t. III, p. 18 et suiv.

[7] Maçoudi, cité par M. Reinaud, *Géogr. d'Aboulféda,* introduct. t. I, p. 300.

[8] Saint-Martin, *Mém. sur l'Armén.* t. I, p. 384.

Kharizmiens, dévasta la Géorgie, le Schirvan, le Héreth, le Cakheth, le Somkheth et Ani (1236-1238)[1]. Voyant l'arrivée des Tatars et ne se sentant pas assez forts pour leur résister, les Géorgiens abandonnèrent Tiflis après l'avoir livré aux flammes[2], et Rousoudan se réfugia à Kouthaïs, d'où elle écrivit à Thouli pour lui demander la paix. Celui-ci consentit à retirer ses troupes de la Géorgie, à la condition que Rousoudan s'engagerait à payer le kharadj et qu'elle lui donnerait son fils Dawith en otage (1239)[3]. Si l'on s'en rapporte au témoignage des historiens occidentaux, la Géorgie aurait encore été dévastée en 1240 ou 1242[4]; mais il est probable que l'invasion dont parlent les chroniqueurs est la même que celle de Thouli dont on trouve le récit dans les écrivains orientaux[5]. Quelques années après que ces événements s'étaient accomplis, Rousoudan mourut, dit-on, empoisonnée (1247); mais il est plus probable d'admettre qu'elle succomba à la suite de ses débauches, si longuement racontées par Aboulféda et Guiragos, et des violentes émotions que lui avaient causées les défaites de son armée et la ruine de sa capitale.

Quand on étudie les monnaies de Rousoudan, on reconnaît d'abord qu'elles ont été frappées à la suite d'une réforme monétaire jugée indispensable, sous le règne de cette souveraine, pour remédier aux abus qui s'étaient glissés dans la fabrication du numéraire géorgien sous les règnes précédents. Malheureusement les archives de la Géorgie, dont la plus notable partie a disparu, ne nous fournissent à cet égard aucun renseignement. Cependant il est naturel de supposer que la réapparition de l'argent au xiiie siècle fut une des causes principales de la réforme apportée dans la frappe des monnaies à l'époque de Rousoudan. En effet, les Seldjoukides de Konieh, qui avaient répandu leur

[1] Tchamitch, t. III, p. 206; de Hammer, *Histoire des Ilkhans*, t. I, p. 111; C. d'Ohsson, *op. cit.* t. III, p. 74.

[2] Ibn-Alatir, cité par M. Defrémery, p. 120.

[3] C. d'Ohsson, t. III, p. 89.

[4] Guill. de Nangis et Girard de Frachet (*Recueil des hist. de France*, t. XXI, p. 4).

[5] Wakhoucht, p. 67; Tchamitch, t. III, p. 224; Saint-Martin, t. I, p. 385; Brosset, *Hist. de la Géorg.* t. I, p. 496-543; Dulaurier, *Les Mongols* (Journ. asiat. 1858), p. 25.

dirhem d'argent pur dans tout l'Orient, avaient vu leur numéraire circuler dans la Géorgie avec une faveur d'autant plus grande que l'apparition de l'argent monnayé, dont la fabrication avait cessé depuis
un siècle dans l'Asie, ôtait toute valeur aux grossières pièces de cuivre
de Thamar et de Giorgi IV. En faisant frapper des monnaies d'argent
dont le poids et l'alliage avaient la plus parfaite analogie avec les
dirhems musulmans et les blancs de Constantinople émis à la même
époque, Rousoudan ramena nécessairement les monnaies de cuivre à
leur véritable valeur, et rétablit ainsi l'équilibre dans le numéraire. On
a de Rousoudan des pièces d'argent et de cuivre; mais comme celles-
ci ont été frappées avant les autres, nous les décrirons les premières.

A. MONNAIES DE CUIVRE DE ROUSOUDAN.

30. ᲫᲜᲡᲜ. — ᲠᲣᲡᲣᲓᲐᲜ. — *Rousoudan*, en caractères assomthawrouli, dans une
figure heptagonale, formée d'entrelacements qui contiennent le chiffre de la reine.
Dans le champ : ᲢᲥᲜ — ᲕᲛᲖ, *l'an* 447 (1227 È. Chr.). Filet au pourtour.

R'. الملكة الملوك والملكات   *La reine des rois et des reines,*
جلال الدنيا والدولة والدين   *splendeur du monde, de l'empire et de la religion,*
رسودان بنت ثامار ظهير المسيح   *Rousoudan, fille de Thamar, aide du Messie.*
اعز الله انصاره   *Que Dieu glorifie ses victoires !*
Filet au pourtour.

Cuivre. — Pl. VI, n° 2, 3.
Cabinets de France (don Bartholomæi) et de l'Ermitage; collection Barataïeff.

Adler, *Coll. nov.* p. 167, n° 114. — *Comm. soc. Gott.* t. X, p. 7, pl. III, 5, 6; t. XIV, p. 90. —
Fræhn, *Recensio*, p. 541. — *Journal asiatique* (1836), p. 29. — Brosset, *Revue*, p. 72. —
Barataïeff, part. III, pl. VI, n° 10-13, p. 124-130. — *Mélanges asiat.* t. III, p. 87, 100,
n° 28-29. — Dorn, *Suppl. ad Recens.* p. 392 et suiv.

Quelques médailles de cuivre de Rousoudan portent dans un carré
la contre-marque ֆ (pl. VI, 3), que l'on trouve aussi imprimée sur
les pièces d'argent.

B. MONNAIES D'ARGENT DE ROUSOUDAN, FRAPPÉES À L'IMITATION DES MONNAIES BYZANTINES.

31. ႵႳႬ ႱႠႾႤႪႨႧႠ ႶႧႨႱႠႨႧႠ ႨႴႤႣႠ. — ქ. ႳႬ სახელითა ღუთისაითა იჭედა. — *En l'année 450* (1230 È. Chr.), *au nom de Dieu*, [cette monnaie] *a été frappée*. — Dans le champ : $\overline{IC}$ — $\overline{XC}$, de chaque côté du buste nimbé du Christ, vu de face et tenant le livre des Évangiles.

℞. الملكة الملكات جلال الدنيا والدين رسودان بنت تامار ظهير المسيح. — *La reine des reines, splendeur du monde et de la religion, Rousoudan, fille de Thamar, aide du Messie.* — Au centre, dans un cartouche dont les ornements affectent différentes formes, le chiffre de Rousoudan, ႰႱႬ, en caractères assomthawrouli.

Argent. Moyen module. Six variétés. — Pl. VI, n°s 4, 5, 6.
Cabinets de France (don Bartholomæi) et de l'Ermitage; collection Barataïeff.

Adler, *Coll. nova*, n° 113 *bis*. — Castiglioni, p. 349, pl. XVII, 10, 12. — Fræhn, *Recensio*, p. 541. — *Journal asiatique* (1836), p. 26. — Pietraszewski, *Muhamm. num.* § 45, Bagratides. — Sawaszkiewicz, *Génie de l'Orient*, p. 209. — *Bull. de l'Acad. des sciences*, t. II, p. 381. — Brosset, *Revue*, p. 73. — Barataïeff, part. III, p. 123, pl. VI, 1 à 3. — *Mélanges asiat.* t. III, p. 100, n° 30. — Dorn, *Suppl. ad Recens.* p. 392 et suiv.

Cette pièce et ses variétés ont été imitées des monnaies de Nicéphore Botoniate, qui, ainsi que nous l'avons dit précédemment, portaient en Géorgie le nom de *botinats*. Elles présentent toutes la même date, 450 du chronicon (1230 È. Chr.), ce qui prouve qu'elles furent frappées après l'invasion de Djélal-eddin et alors que Rousoudan était rentrée à Tiflis.

---

32. $\overline{IC}$ — $\overline{XC}$, de chaque côté du buste nimbé du Christ, vu de face et tenant le livre des Évangiles.

℞. ႰႱႬ, *Rousoudan*, dans un cercle accosté de quatre annelets.

Argent. Petit module (pièce rognée). — Pl. VI, n° 7.
Collection Barataïeff; cabinet de France (don Bartholomæi).

Journal asiatique (1836), p. 26. — Barataïeff, part. III, p. 120, pl. VI, 9.

Le prince Barataïeff a donné la description et la figure d'une petite monnaie de cuivre sans date, portant le nom de Rousoudan, ႰႱႬ, abrégé (p. III, pl. IV. n° 14), sur laquelle il a cru voir au revers un poisson. Cette pièce, qui est dans un mauvais état de conservation, mérite un examen attentif, car l'usage de représenter des animaux sur les monnaies géorgiennes ne fut adopté, comme nous le verrons plus loin, que dans les premières années du xviii° siècle, et se continua jusqu'à l'annexion du royaume des Bagratides aux possessions de l'empire russe.

Quand Djélal-eddin se fut emparé de Tiflis (1226), il fit surfrapper avec son coin les monnaies de cuivre de Thamar, de Giorgi IV et de Rousoudan, et l'on connaît une très-grande quantité de pièces de ce genre (voy. pl. VI, 8) portant au droit; en deux lignes, dans le champ :

المعظم — السلطان *Le sultan magnifique*

et au revers :

والدين — جلال الدنيا *Djélal-eddounia ou eddin.*

Fræhn, *Recensio*, p. 541-542. — Barataïeff, part. III, p. 131, 136, pl. VII, 1 à 11.

Les surfrappes que Djélal-eddin fit appliquer sur les monnaies géorgiennes ont quelque rapport avec l'usage des contré-marques dont nous avons parlé précédemment. Dans l'antiquité on rencontre aussi parfois des monnaies qui présentent sur le même champ un double type; on les désignait sous le nom de *numi recusi*. On connaît une monnaie de la ville de Géla, en Sicile, surfrappée avec un coin de la ville de Métaponte, en Lucanie[1]; enfin plusieurs pièces de la Béotie[2] et de Panticapée[3], qui offrent la même particularité. On peut considérer cette double empreinte comme destinée à renouveler, dans la disette du métal et dans le but d'économiser les frais de fabrication, une pièce ancienne et oblitérée.

On remarque sur beaucoup de surfrappes de Djélal-eddin des contre-marques qui ont été imprimées après la restauration de Rousoudan et à différentes époques. Ainsi la lettre �, par exemple, le grand chiffre

[1] Mionnet, *Méd. gr.* t. I, p. 237, n° 238.
[2] Eckhel, *Doct. num. vet.* t. II, p. 195-196.
[3] Raoul-Rochette, *Antiq. du Bosphore Cimmérien*, p. 82, pl. 1, n°² 7-8.

de Rousoudan, le monogramme ნჳმ (nphm), le chiffre d'Éréclé, ჯ⁀, et enfin une contre-marque byzantine IC. XC. — NI. KA, qui nous autorise à supposer que les pièces de cuivre musulmanes et géorgiennes eurent cours aussi dans les possessions de l'empire grec, quand elles avaient reçu l'empreinte du poinçon de la monnaie de Constantinople.

CHAPITRE III.

MONNAIES DES BAGRATIDES PENDANT LA DOMINATION DES MONGOLS.

L'irruption des Tatars et leur installation dans l'Asie occidentale occupent une bonne partie de l'histoire de l'Orient pendant les xiiie et xive siècles. Les chroniqueurs ont raconté avec de longs détails leur apparition sur la scène du monde, leurs dévastations, leurs conquêtes et l'influence qu'ils exercèrent sur les destinées de l'Asie. La Géorgie et l'Arménie subirent les premières la domination de ces terribles envahisseurs, et l'histoire de ces deux pays, à partir des premières années du xiiie siècle, se trouve fondue, pour ainsi dire, avec celle des Mongols. C'est ce qui explique au surplus l'interruption qui se remarque, pendant l'époque de leur domination, dans les Annales de la Géorgie, et que le chroniqueur Wakhoucht a signalée en disant : « Il n'existe plus d'his- « toire de Giorgi le Brillant ni de ses successeurs, quoiqu'il soit permis « de supposer que la vie de ce prince et celles des autres monarques de « la Géorgie, jusqu'à la division du royaume en plusieurs États indépen- « dants, ont été écrites et se sont perdues ensuite [1]. »

D'abord alliés des Géorgiens et arbitres dans leurs différends, les Mongols finirent par s'établir en maîtres dans le pays. Pendant quelque temps ils laissèrent aux rois bagratides l'apparence d'un pouvoir qu'en réalité ils exerçaient eux-mêmes, jusqu'au moment où les lieutenants des grands khans réduisirent la royauté au néant et gouvernèrent en maîtres absolus les provinces de la Géorgie, qui, à dater des dernières années du xiiie siècle, devinrent comme une partie intégrante de l'empire des Mongols.

Pendant la domination des Tatars en Géorgie, les monnaies nationales perdent tout à fait leur caractère et finissent par se confondre avec le

---

[1] Wakhoucht, *Introd.* conf. Brosset, *Histoire moderne de la Géorgie*, 2e partie, Ire liv. p. 1 et suiv.

numéraire mongol. Nous savons en effet qu'à partir des conquêtes de
Djendjis-khan et de l'occupation de la Géorgie par ses successeurs, les
khans exigèrent des rois du pays qu'ils ne frapperaient de monnaies qu'à
la condition d'y inscrire leur nom. Aussi, toutes les pièces de Dawith V
et de ses successeurs jusqu'à Wakhtang III inclusivement offrent-elles
des légendes avec le nom du khan contemporain de leur émission. Les
rois de Géorgie se contentaient quelquefois seulement d'inscrire le monogramme de leur nom en caractères géorgiens à la fin de la légende
pieuse du revers de la pièce.

Mais en même temps que les rois de Géorgie battaient monnaie au
nom des Djendjiskhanides et des Houlagouides, dont ils étaient les
vassaux, ceux-ci faisaient fabriquer à Tiflis, où ils tenaient garnison,
des monnaies purement mongoles, et on connaît en effet beaucoup de
dirhems des khans fabriqués dans la capitale de la Géorgie, quelques
années même avant l'avénement de Gaïouk jusqu'aux règnes d'Abou-
Saïd-Béhadour et d'Arpa-khan. La série des monnaies mongoles frappées à Tiflis commence vers l'année 642 hég. (1244-1245 È. Chr.) et
se termine vers l'année 736 hég. (1335-1336 È. Chr.) [1]. La première
émission de monnaies mongoles à Tiflis se compose de dirhems d'argent
signalés déjà depuis longtemps [2], et dont M. de Longpérier a attribué
à tort la fabrication aux Seldjoukides [3]. Le général de Bartholomæi,
dans une lettre adressée à Sawelieff, lettre qui a été récemment publiée
dans les *Mémoires de la Société d'archéologie de Saint-Pétersbourg*, a fait
connaître une pièce identique d'une conservation parfaite, et qui ren-
verse complétement l'attribution proposée par M. de Longpérier. «La
«pièce qui tranche la question, dit le savant général, porte au droit
«un personnage à cheval passant à gauche et se retournant en arrière
«pour décocher une flèche sur une cigogne ou un héron volant der-

[1] Tychsen, *De num. Seldj.* conf. *Mém. de
l'Acad. de S.-Pét.* t. II, p. 490 et suiv. Fræhn,
De Ilkhan. num. Recensio num. muh. p. 180.;
Bárataïeff, *Doc. num. du roy. de Géorg.* intr.
p. 5; Bartholomæi, *Lettr. à M. Soret*, p. 24;
Soret, *Lettres sur les méd. de sa coll.* etc.

[2] *Mém. de la Société d'archéol. de Saint-
Pétersbourg*, conf. Pr. Gagarin, *Not. sur une
monnaie d'Alousch-Bey*, etc.

[3] *Annales de l'Institut archéol. de Rome*
(1846). *Expl. d'une coupe sassanide.*

« rière lui. Sous le cheval court un chien lévrier de la race de ceux qui
« abondent dans l'Adherbeidjan et en Arménie. La légende, disposée en
« demi-cercle au-dessus du cavalier, est ainsi conçue : الغ منقذل الوش بيك.
« Au revers, le champ est occupé par la formule sunnite suivante, en
« trois lignes et en caractères coufiques : لا الة الا الله محمد رسول الله ; dans
« la marge on lit en caractères cursifs : ضرب تغليس سنة اثنين و اربعين
« وستمايه « frappé à Tiflis l'an 642 (hég.). » Le nom du personnage
« qui figure au droit de la pièce est inconnu dans l'histoire, mais on
« peut supposer qu'il gouverna au nom des Mongols la Géorgie et une
« partie de la Transcaucasie, ainsi que le prouvent des monnaies du
« même genre frappées à Gandjah (Élizabethpol) pendant plusieurs an-
« nées. Ce dernier fait ressort de l'examen de plusieurs pièces analogues
« portant des dates différentes, 643, 644, 645 hég. (1244 à 1247
« È. Chr.), et qui font partie des cabinets de l'Ermitage et de la So-
« ciété archéologique de Saint-Pétersbourg [1]. » L'attribution du général
de Bartholomæi nous paraît très-fondée, et, à l'aide de l'histoire, nous
allons essayer de découvrir quel peut être le personnage dont le
nom est transcrit par الوش sur les monnaies en question. On sait que
pendant l'interrègne qui suivit la mort d'Ogotaï, et se termina par
l'avénement de Gaïouk, plusieurs compétiteurs s'étaient levés, grâce
à la faible administration de la régente, et avaient empiété sur l'autorité
souveraine. Parmi ces compétiteurs, l'histoire mentionne un oncle
d'Ogotaï, appelé Temongou Utchouguen, qui s'empara du trône et
dont les complices payèrent de leur vie leur dévouement à la cause de
l'usurpateur [2]. En rapprochant le nom de ce personnage de celui qui
figure sur la médaille en question, on ne peut s'empêcher de reconnaître qu'ils ont entre eux une analogie frappante. En outre, les dates
inscrites sur les monnaies et celles fournies par l'histoire concordent
exactement. En effet, après la mort d'Ogotaï survenue en 1241, le trône
resta vacant pendant cinq ans; et il paraît probable que les monnaies
frappées entre les années 643 et 645 hég. (1244-1247 È. Chr.) ne

---

[1] Extrait de la *Lettre du général de Bar-*
tholomæi adressée à Sawelieff.

[2] C. d'Ohsson, *Hist. des Mongols*, t. II,
l. II, c. iv, p. 195, 203, 234.

peuvent avoir été émises que par un usurpateur. L'histoire, d'accord
en cela avec les monnaies, donne à cet usurpateur le nom de Temongou
Utchouguen, appellation qui avait vraisemblablement passé en arabe
sous la forme الغ منقل الوش بيك, que les médailles nous ont conservée.

L'émission des monnaies mongoles ne cessa en Géorgie qu'après
l'affaiblissement de l'empire tatare. Il est facile de distinguer les monnaies frappées en Géorgie par les rois bagratides, pendant la domination mongole, de celles qui furent fabriquées à Tiflis par les lieutenants
des khakhans. En effet, ces dernières portent toutes la légende لا اله الا
الله وحده لا شريك له, *il n'y a d'autre Dieu que le Dieu unique et sans associé*, tandis que sur celles qui émanent des rois de Géorgie, on lit l'invocation بسم الاب و الابن و روح القدس, *au nom du Père, du Fils et de
l'Esprit-Saint*, quelquefois suivie des mots الاله الواحد, *Dieu unique*,
et d'une croix. Souvent aussi le nom du roi, exprimé en langue et en
caractères géorgiens, est placé à la fin de la légende. L'illustre Fræhn n'a
pas cherché à établir de distinctions entre les monnaies frappées par les
Mongols dans la Géorgie et celles qu'ils fabriquaient dans les autres
villes de l'Asie occidentale; et il n'a pas non plus établi de différences
dans son classement entre les pièces qui portent le nom de la ville de
Tiflis, bien que les unes offrent cette particularité, qu'elles étaient frappées par les rois bagratides, et que les autres sortaient de l'atelier
monétaire que les lieutenants des khakhans avaient établi dans la capitale
de la Géorgie.

Il ne paraît pas que les appellations de l'idiome mongol qui servaient à désigner les différentes espèces de monnaies aient influé sur
les dénominations qui étaient particulières aux monnaies géorgiennes;
car nous voyons qu'à l'époque de la domination des Tatars en Géorgie, les appellations byzantines s'étaient maintenues dans l'usage ordinaire. C'est ainsi, par exemple, que nous trouvons dans la donation
faite par Songhoul à l'ermitage de Chio-Mghwimé, en 1284, la mention de drachmes d'or, de ducats et de botinats[1], expressions qui se
reproduisent dans les pièces diplomatiques de la même époque, con-

---

[1] Brosset, *Introduction à l'Histoire de la Géorgie*, p. CLXXVII.

jointement avec celles de drakans et de théthri ou blancs. On peut aussi conjecturer que les Mongols n'apportèrent aucun changement dans le système monétaire de la Géorgie, puisque les Annales affirment que Houlagou, ayant ordonné de faire un dénombrement des habitants du pays, décida que chaque individu acquitterait la capitation en drakans et en théthri, c'est-à-dire avec des pièces d'or et d'argent en circulation dans le royaume[1].

Cependant le numéraire mongol et ses imitations géorgiennes ne formaient pas l'unique monnaie courante de la Transcaucasie à l'époque qui nous occupe. Les pièces d'argent de Trébizonde, connues sous le nom d'*aspres comnénats*, ἄσπρα λεγόμενα κομνήνατα, avaient été répandues en abondance dans les contrées méridionales du Caucase dès l'époque de l'empereur Manuel Comnène, et la circulation de ces pièces en Géorgie ne fut que rarement interrompue pendant tout le temps de l'existence de l'empire grec du Pont. Quand la puissance des Houlagouides fut parvenue à sa période décroissante, on vit la monnaie des Djélaïrides apparaître vers le milieu du xive siècle; mais bientôt elle fut remplacée elle-même par le numéraire des Timourides, des Turkomans kara-kouyounlou[2] et des derniers Comnènes de Trébizonde. Après la chute de l'empire grec du Pont, l'aspre trébizondain fut détrôné à son tour par la monnaie des Séfévides ou Sofis qui, s'étant solidement établis sur le trône de Perse, n'eurent pas de peine à imposer leur domination aux faibles monarques de la Géorgie.

I.

Dawith V Soslan (1243-1269).

Giorgi IV, en mourant, n'avait pas laissé de postérité légitime; il n'avait qu'un bâtard nommé Dawith, dont Rousoudan avait confié la garde à Gaïath-eddin Kaïkosrou, sultan des Seldjoukides de Konieh, qui le retenait captif, afin d'assurer la couronne à Dawith, son fils,

---

[1] Brosset, *Histoire de la Géorgie*, t. I, p. 552, 556, add. p. 451. — [2] Soret, *Lettre à Fræhn*, p. 70 et suiv.

qu'elle destinait au trône[1]. Les chroniqueurs distinguent ces deux
princes par les surnoms qu'ils reçurent des Mongols; ainsi Dawith IV,
fils de Rousoudan, fut appelé *Narin*, et Dawith V, fils de Giorgi IV, est
désigné sous les noms de *Naïn* et de *Soslan*. Dawith V fut délivré de sa
captivité en 1243, lors de la prise de Césarée par les Mongols[2], et
comme Rousoudan refusait de se soumettre au khakhan, le général
Batchou Novian résolut de soutenir les droits de Dawith V, afin de se
faciliter les moyens d'assujettir plus facilement la Géorgie. Dawith V
fut envoyé à Qaraqoroum pour recevoir l'investiture de la couronne du
Karthli; mais Rousoudan avait fait partir presque en même temps son
fils Dawith IV pour l'ourdou de Batou, khan du Kipchak, afin qu'il le
prît sous sa protection. Celui-ci avait envoyé aussi le prince géorgien
à Qaraqoroum, où les deux prétendants assistèrent à la cérémonie de
l'avénement de Gaïouk, en 1247[3]. Selon une opinion généralement
admise, Gaïouk aurait partagé la Géorgie en deux États, et donné à
Dawith V la Géorgie supérieure, c'est-à-dire le Karthli et le Cakheth,
avec une partie du Schirvan; quant à Dawith IV, il aurait reçu en apanage la Géorgie inférieure, composée des provinces d'Iméreth, de Mingrélie, etc.; toutefois, le fils de Rousoudan fut obligé de prêter l'hommage pour ses États au fils de Giorgi IV[4]. Cette division est, au surplus,
rapportée par un écrivain arménien contemporain, Héthoum, prince
de Gorigôs, plus connu sous le nom de Hayton le moine, qui assure que
de son temps la Géorgie, qu'il avait visitée, était partagée en deux
royaumes distincts, la Géorgie proprement dite et l'Aphkhazeth (*regnum
Abcas*)[5]. Le savant éditeur des Annales pense, au contraire, qu'il faut
s'en rapporter au texte de l'histoire nationale qui dit formellement que
les deux Dawith s'assirent ensemble sur le trône de leurs ancêtres, à

[1] Étienne Orbélian, c. VIII, p. 155; Guiragos, p. 88 et suiv. Cf. Dulaurier, *Les Mongols d'après les historiens arméniens.*

[2] Aboulfaradj, *Chr. syr.* p. 502; Brosset, *Histoire de la Géorgie,* p. 544.

[3] Aboulfaradj, *Chr. syr.* p. 506, et *Chr.
arab.* p. 490; Raschid-eddin, cité par Saint-
Martin, *Mém. sur l'Arménie,* t. II, p. 294;
Vartan, *Hist. univ.* msc. C. d'Ohsson, *Hist.
des Mongols,* t. III, p. 89 et suiv.

[4] C. d'Ohsson, t. II, p. 206 et suiv.

[5] Haytonus, *Lib. histor. part. orient.* c. X,
De regno Georgiæ.

Tiflis, et que ce fut plus tard seulement qu'ils se séparèrent pour aller régner, l'un dans le Karthli, l'autre dans l'Iméreth[1]. L'histoire de ces deux rois tributaires des Mongols n'offre rien de particulier; ils payaient tribut aux dominateurs, et ce tribut s'acquittait, à ce que nous apprend Guiragos, en nature et en argent, *սպիտակ* (blanc)[2]. Dawith IV étant mort en 1259, son cousin Dawith V devint seul maître de la Géorgie et gouverna jusqu'en l'année 1269.

IMITATION DES MONNAIES MONGOLES.

33.   قاان   *Le serviteur du khan,*
              بنده 𐐚 شاه   *maître du monde,*
              جهان داود   *Daoud (Dawith),*
                ملك   *roi.*

Le 𐐚 a un ⴱ inscrit dans la panse; c'est le monogramme habituel du nom de Dawith.

℟.   بشهر تغليس   *Ville de Tiflis,*
             عمرها الله   *que Dieu conserve son existence!*
      اثنين اربعين ستماية   *Six cent quarante-deux.*

Cuivre, moyen module. Trois variétés, avec les dates : خمسة اربعين ستماية, 645; سبعة اربعين ستماية, 647, et خمسين ستماية, 650. — Pl. VI, n° 9.
Cabinet de France (ancien fonds); collection Barataïeff.

Comm. soc. Gott. t. X, p. 43. — Brosset, *Revue*, p. 78. — Barataïeff, part. III, p. 142, 147, pl. VIII, 3, 8. — *Mél. asiat.* t. III, p. 100, n°ˢ 31, 33. — *Bull. de l'Académie des sciences de Saint-Pétersbourg*, t. I, p. 81; t. X, p. 108. — Dorn, *Suppl. ad Recens.* p. 392 et suiv.

La légende du droit de cette pièce n'est pas complétement lisible sur les exemplaires que l'on connaît. Cependant la lecture que propose le général de Bartholomæi, quoique différant un peu de celle que nous avons donnée, ne change en rien l'attribution; elle ne fait, au contraire, que la confirmer, puisque, selon ce savant, le nom de Mangou-khan s'y trouverait exprimé : داود بنده منكو قاان شاه جهان. *Daoud, serviteur de Mangou-khan, maître du monde.*

Le nom de Tiflis, qui figure au revers de ces monnaies, ne laisse pas

---

[1] Brosset, *Introduction à l'Histoire de la Géorgie,* p. LXXII et suiv. — [2] Guiragos, p. 114.

de doute sur leur attribution à Dawith V, qui possédait le Karthli et résidait dans ce royaume, tandis que Dawith IV habitait Kouthaïs, capitale de l'Iméreth.

Les dates de l'hégire offrent avec celles de l'ère chrétienne les concordances suivantes :

642 = juin 1244 à mai 1245; 645 = mai 1247 à avril 1248; 647 = avril 1249 à avril 1250; 650 = mars 1252 à mars 1253.

---

34. ᲓᲐᲕᲘᲗᲘ. — *Chronicon 467.* — Le roi, à cheval, passant à droite; devant lui, le monogramme de *Dawith*, formé des deux lettres ᲓᲐ.

R̶. بقوة خداى   *Par la toute-puissance de Dieu,*
    بنده دولة   *le serviteur du pouvoir*
    كيوك قاان   *de Gaïouk-khan,*
    داود ملك   *Daoud roi.*

En marge : ضرب تفليس — *Frappé à Tiflis.*

Argent. Une variété. — Pl. VII, n° 1.

Cabinet de France (ancien fonds); collection Barataïefl.

Comm. soc. Gott. t. X, p. 49, pl. V, 2, sect. vii; t. XIV, p. 91. — Castiglioni, p. 351, pl. XVIII, 11. — *Mém. de l'Acad. des sciences de Saint-Pétersbourg*, t. II, p. 490, n° 2. — Fræhn, *Recensio*, p. 671. — Barataïeff, part. III, p. 137, 142, pl. VIII, 1, 2. — Brosset, *Revue*, p. 78. — *Mél. asiat.* t. III, p. 100, n° 34. — Bartholomæi, *Lettres*, XXV, p. 90. — *Bullet. de l'Académie des sciences* (1853), t. X, p. 108.

L'année 467 du chronicon correspond à l'an 1247 de notre ère, et Gaïouk-khan, dont le nom est mentionné sur la pièce, occupa le pouvoir de 1242 à 1248.

---

35. بقوة خداى   *Par la toute-puissance de Dieu*
    باقبال پادشاى   *et par la suprématie de l'empereur*
    جهان منكو قاان   *du monde, Mangou-khan.*

En marge : سنة خمسين وستماية — *L'an 650* (mars 1252 à mars 1253 È. Chr.).

R̶.   داود ملك   *Daoud roi,*
    ابن كيوركي   *fils de Giorgi*
    البغراطى   *le Bagratide.*

En marge : ضرب تفليس — *Frappé à Tiflis.*

Argent. Deux variétés, avec les dates 652 hég. = février 1254 à février 1255 È. Chr.; 654 = janvier 1256 à janvier 1257. — Pl. VII, n° 2, et pl. X, n° 2. Cabinets de France (don Bartholomæi) et de l'Ermitage.

Comm. soc. Gott. t. X, p. 49, pl. V. — *Mém. de l'Acad. des sciences de Saint-Pétersbourg*, t. II. — Fræhn, *De Ilkh. num.* p. 492, n°° 8, 10; p. 494, n° 14. — Castiglioni, p. 351 et suiv. pl. XVII, 11, 12. — Brosset, *Revue*, p. 82. — *Mélanges asiat.* t. III, p. 87, n° 7, et p. 100, n°° 35, 37. — Bartholomæi, *Lettres*, XXVIII, p. 98, 99, pl. II, 8. — *Bulletin hist.-phil. de l'Acad. des sciences*, t. X, p. 108.

Mangou-khan régna de 1251 à 1259.

II.

Démétré II le Dévoué (1273-1289).

A la mort de Dawith V, la Géorgie resta pendant trois années privée de roi. Les éristhaws administraient chacun leurs domaines en payant le kharadj aux Mongols[1]. Au bout de ce temps, Démétré, fils de Dawith V, fit valoir ses droits sur la Géorgie et se présenta devant Abagha-khan, qui lui accorda ce qu'il demandait, à la seule condition de lui payer le tribut et de lui fournir un contingent de troupes[2]. C'est pendant une expédition que les Mongols firent contre les Égyptiens (1277) et à laquelle Démétré avait pris part, qu'il fut fait prisonnier[3]. Démétré, ayant recouvré sa liberté, fit encore de nouvelles expéditions de concert avec les Mongols[4]; cependant Argoun-khan, l'un des successeurs d'Abagha, l'ayant soupçonné de trahison, le fit mettre à mort (12 mars 1289)[5].

[1] Brosset, *Hist. de la Géorg.* t. I, p. 585 et suiv.

[2] Et. Orbélian, c. IX, p. 163.

[3] *Bull. de l'Acad. des sciences de Saint-Pétersbourg*, t. V, p. 240; Makrizi (édit. Quatremère), t. I, 2ᵉ part. p. 118, 145; C. d'Ohsson, *Hist. des Mong.* t. III, p. 525.

[4] *Lettr. de Nicolas III, pape;* cf. Raynald, *Ann. eccl.* t. XIV, ann. 1289, n° 59; Brosset, *Hist. de la Géorg.* t. I, add. p. 305.

[5] C. d'Ohsson, t. IV, p. 22; Hammer, *Hist. des Ilkh.* t. I, p. 378 et suiv. Wakhoucht, *Hist. de la Géorg.* msc. p. 76; Tchamitch, t. III, p. 282; Saint-Martin, *Mém. sur l'Arménie*, t. II, p. 171, 299.

A. MONNAIES DE DÉMÉTRÉ, AU TYPE GÉORGIEN.

36. ᲗᲖ en monogramme, *Démétré*, dans un ornement carré, dont les angles sont terminés par des boucles. De chaque côté du carré, les lettres Ჰ·Ⴔ · Ჰ·Ⴔ. — *Ⴋⴄⴔⴄⴇ Ⴋⴄⴔⴄ*, *roi des rois.*

℞. ᲥᲗ Ჰ·ᲡᲙ᷂Ⴊ Ჰ·Ⴈ ᲜᲡᲡᲚ ᲡᲖᲙ ᲞᲖ. — Figure en forme d'arbalète.

Cuivre. Grand module. — Pl. VII, n° 4.

Collection du prince Barataïeff et Musée de la Société géographique de Tiflis (fonds Saint-Thomas).

Barataïeff, part. III, p. 152-168, pl. VIII, 1-3. — Brosset, *Revue*, p. 83 et suiv. — *Bulletin de l'Acad. des sciences*, t. XIV, p. 251. — *Mél. asiat.* t. III, p. 90.

B. MONNAIES DE DÉMÉTRÉ, AU TYPE MONGOL.

37.

khaghanou		*Frappé par*
darougha		*Abagha,*
Abaghanou		*vicaire*
deledkekolok san		*du khan suprême.*

℞. En quatre lignes, la légende arabe : بسم الاب والابن وروح القدس الله — *Au nom du Père, du Fils et de l'Esprit Saint, Dieu.* — A la fin de la légende, un Ზ, *Démétré.* — En marge : سنـة تسـع..... سـتـمـايـة — *L'an* 6[7]9 *hég.* (mai 1280 à avril 1281 È. Chr.).

Argent. Une variété, avec la date 680 hég. (avril 1281 à avril 1282).
Musée asiatique de Saint-Pétersbourg.

Arigoni, pl. XIII, 39. — Fraehn, *De Ilkh. num.* pl. IV, 6. — Brosset, *Revue*, p. 84-85.

Abagha, lieutenant de Choubilai, cinquième khakhan qui régna de 1260 à 1294, administra l'empire de Perse et la Géorgie de 1265 à 1282.

La légende pieuse qui se lit au revers des monnaies de Démétré II avec le nom d'Abagha et de quelques-uns de ses successeurs est d'un usage fort ancien chez les chrétiens d'Asie, et se retrouve dans tous leurs livres. Cosmas Indicopleustès, qui vivait au vi[e] siècle de notre ère, emploie la même formule au début de sa Topographie chrétienne : Ἐν ὀνόματι τοῦ ϖατρὸς καὶ τοῦ υἱοῦ, καὶ τοῦ ἁγίου ϖνεύματος τῆς μιᾶς τρισυποσ1άτου καὶ ϖροσκυνητῆς Θεότητος, τῆς ὁμοουσίου καὶ ζωαρχικῆς τρίαδος τοῦ ἑνὸς Θεοῦ, κ. τ. λ[1]. Il est facile de faire un rapprochement entre cette invocation et le septième verset du cinquième chapitre de la première épître de saint Jean : « Pater, Verbum et Spiritus « Sanctus, et hi tres unum sunt. » Les chrétiens d'Orient adoptèrent probablement l'usage d'ajouter aux paroles du signe de la croix ces mots « le Dieu unique » الله واحد, pour protester contre l'accusation de polythéisme que leurs adversaires, dès l'origine, avaient portée contre eux, et que Mahomet formula à plusieurs reprises, d'abord dans une lettre adressée à un personnage qui gouvernait l'Égypte au nom d'Héraclius, auquel il dit, « Nous n'adorons qu'Allah, nous ne « lui donnons pas d'associé, à la différence des chrétiens qui adorent « trois dieux et trois personnes[2], » et ensuite dans le Koran, dans deux chapitres différents[3]. On sait que sur beaucoup de monnaies des Ommiades et des Abbassides, etc. on lit ce verset (sour. IX, v. 33) : « Mahomet est le prophète de Dieu, qui l'a envoyé avec la direction et « la religion vraie, afin qu'il la fît prévaloir sur toutes les autres reli- « gions, quand bien même les associants seraient blessés. »

Le monogramme royal rejeté à la fin de la légende du revers, sur les monnaies géorgiennes frappées à l'imitation du type mongol, offre ceci de remarquable, que le même phénomène s'était produit plusieurs siècles auparavant en Europe, et particulièrement en France. Ainsi, sur des sous d'or au type d'Anastase et que l'on sait avoir été frappés dans plusieurs ateliers monétaires de la France par les premiers rois mérovingiens, on distingue les initiales du nom de Clovis et le monogramme de Gondebauld, roi de Bourgogne[4].

---

[1] Montfaucon, *Collectio nova patrum et scriptorum græcorum*, t. II, p. 113.

[2] *Journ. asiat.* (1854), p. 482; Reinaud, *Notice sur Mahomet*, p. 28 et suiv. et *Biographie universelle* (éd. Didot.), v° *Mahomet*.

[3] Koran, sour. IX, vers. 33, et sour. LXI, vers. 9.

[4] Lenormant, *Lettres sur les monuments numismatiques de la série mérovingienne*, p. 23 et 41.

38. 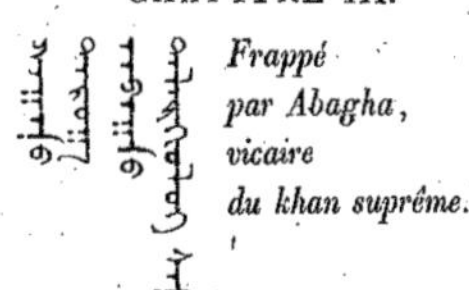 *Frappé*
par Abagha,
vicaire
du khan suprême.

R⁀. En quatre lignes, la légende arabe : بسم الاب والابن و روح القدس الله
✠ واحد — *Au nom du Père, du Fils et de l'Esprit Saint, Dieu unique.* — Une croix
et un ornement dont la forme varie. En marge : محرم سنة ثمانين…… — *Moharrem, l'an 680 hég. (avril-mai 1281).*

Argent. Une variété, avec la date 681 (avril 1282 à avril 1283).
Musée asiatique de Saint-Pétersbourg.

Fræhn, *op. cit.* p. 501, nᵒˢ 62, 63. — Brosset, *Revue*, p. 85.

---

39. khaghanou   *Frappé par*
darougha   *Ahmed,*
Amédoun   *vicaire*
deledkekolok san *du khan suprême.*

R⁀. En quatre lignes, la légende arabe : بسم الاب ولابن وروح القدس الله
✠ واحد. En marge, ثلاث ……… محرم — *Moharrem, [l'an 68]3 hég.* (mars-
avril 1284).

Argent.
Musée asiatique de Saint-Pétersbourg.

Fræhn, *op. cit.* p. 503, nᵒˢ 70, 71. — Brosset, *Revue*, p. 85.

Ahmed Tégudar, lieutenant de Choubilai, gouverna l'empire de
Perse et la Géorgie de l'an 1282 à l'an 1284.

---

40. khaghanou   *Frappé par*
darougha   *Argoun,*
Argoun   *vicaire*
deledkekolok san   *du khan suprême.*
Argoun   *Argoun.*

℞. En quatre lignes, la légende arabe : اله القـدس وروح والابـن الاب بـسم. En marge, ... تمـا سنـة خـس صغـر — *Sefer;* l'an 685 hég. (mars-avril 1286).

Argent. Plusieurs variétés, avec les dates الاول ربيـع, rebi' premier, 685, 686, 687 (1286, 1287, 1288 È. Chr.). — Pl. VII, n° 5.
Musée asiatique de Saint-Pétersbourg; cabinet de France (don Bartholomæi).

Adler, *Mus. cuf. Borg.* p. 178, pl. VII, n° 115. — Castiglioni, pl. XVIII, n° 13, p. 354, 385, n° 303. — *Journal asiatique* (1839), p. 347, et (1842) p. 116, 117. — Tychsen, *De num. Seldj.* p. 20, n° 17 (*Mém. soc. Gott.* t. III). — Fræhn, *Recensio*, p. 380, 3; p. 637. — *Mém. de l'Acad. des sciences de Saint-Pétersbourg*, t. II, p. 504, n°ˢ 77, 78. — *Beïtrage*, p. 53, n° 56. — Barataïeff, part. III, p. 174. — Brosset, *Revue*, p. 85.

Sur les variétés assez nombreuses de cette dernière monnaie, la croix qui est figurée à la fin de la légende pieuse du revers est précédée d'un ornement qui tient la place occupée sur d'autres monnaies par le monogramme d'un nom royal géorgien. Tantôt cet ornement a la forme d'une étoile, d'un chiffre entrelacé, d'une rosace, tantôt ce sont des points disposés de la sorte (∴). On peut croire que le roi Démétré, pour ne point blesser la susceptibilité des Mongols, avait fait mettre ces figures à la place que devait occuper son nom.

III.

Dawith VI (1292-1310) et Wakhtang III (1301-1307).

Pendant les quatre règnes de Wakhtang II, de Dawith VI, de Giorgi V et de Wakhtang III, l'histoire de la Géorgie présente le curieux spectacle de trois frères occupant le trône en même temps et nommés par la même autorité. En effet, après la mort de Démétré II, Argoun avait donné la couronne de Karthli à un fils de Dawith IV Narin, qui ne régna que trois ans. Après lui Dawith VI, fils de Démétré II, étant rentré dans ses droits, avait pris parti pour Thoukal et Baïdou, adversaires de Ghazan, et ensuite refusé de se rendre à l'ourdou de ce dernier, qui le remplaça par son frère Giorgi V [1]. Bientôt après, sans qu'on en sache la cause, un autre de leurs frères, Wakhtang III, fut substitué

[1] Brosset, *Hist. de la Géorg.* add. XX, p. 368; extrait du *Ms. Phalawandoff.*

à Giorgi V. Sur ces entrefaites, Ghazan mourut en 1303, et Wakhtang III qui, à la tête de son armée, faisait partie d'une expédition dirigée par les Mongols dans le Gilan, périt en 1307. La couronne de
Kartḥli fut de nouveau portée par Dawith VI, roi sans autorité, auquel
fut associé Giorgi dit le Petit, son fils; enfin par un autre Giorgi, fils de
Démétré II, à qui les Géorgiens donnent le surnom de Brillant[1], bien
qu'il soit parfaitement démontré que le règne de ce prince n'a point jeté
l'éclat dont l'annaliste parle en termes si pompeux.

A. MONNAIES DE DAWITH VI.

41.   پادشاه اعظم   *L'empereur suprême,*
          سلطان محمود   *sultan Mahmoud*
          غازان خان   *Ghazan-khan.*
          خلد الله ملكه   *Que Dieu fasse prospérer son règne!*

℞. En quatre lignes : بسم الاب والابن وروح القدس اله واحد. — A la fin
de la dernière ligne : Ⴃ·Ⴔ· Ⴆ — *Le roi Dawith.*
Carré de grènetis.

Argent. Une variété, avec la date 696 hég. (octobre 1296 à octobre 1297 È. Chr.). —
Pl. VII, n° 6.
Cabinet de l'Ermitage; collection Barataïeff.

Castiglioni, p. 354, pl. XVIII, n° 13. — *Mém. de l'Acad. des sciences de Saint-Pétersbourg*, t. II,
p. 510, n° 105. — Barataïeff, part. III, p. 172 et suiv. — Brosset, *Revue*, p. 86. — *Mél. asiat.*
t. III, p. 87, n° 8; p. 101, n° 46. — Bartholomæi, *Lettres*, p. 112, n° 7.

L'historien persan Raschid, auteur d'une collection d'annales, raconte
dans son livre[2] que le sultan Mahmoud Ghazan-khan, fils d'Argoun,
introduisit de grandes réformes dans l'administration de son empire. Il
rendit des ordonnances relatives à la fabrication des monnaies qui
étaient frappées, non-seulement dans les hôtels des villes soumises à
son autorité immédiate, mais encore dans ceux des États voisins qui lui
devaient l'hommage. «Ainsi, dit Raschid, en Géorgie, où les noms de

[1] Brosset, *Introduction à l'Histoire de la
Géorgie*, p. LXXV.

[2] Cf. C. d'Ohsson, t. IV, p. 462 et suiv.
liv. VI, c. IX.

« Dieu et du Prophète n'avaient jamais été gravés sur le numéraire, il
« fallut les y mettre, puisque c'était le seul moyen de le faire circuler en
« Perse. » On peut donc conclure de ce témoignage que les rois de Géorgie
firent frapper, pendant le règne de Ghazan, deux sortes de monnaies,
les unes avec le nom de Dieu et du Prophète, et qui étaient destinées à
acquitter le tribut que les Géorgiens devaient payer aux Mongols, les
autres portant le symbole chrétien suivi du nom du roi, et dont la circulation ne s'étendait pas au delà des frontières du royaume. Ces deux
sortes de monnaies, dont la valeur était la même, étaient désignées
sous le nom de *ghazanour*, terme que les Géorgiens avaient formé
d'après le nom de Ghazan. Le Code d'Aghbougha, rédigé au xve siècle,
mentionne les ghazanours, qui n'eurent cours en Géorgie que pendant
un siècle environ, car nous verrons plus loin que sous le règne de
Giorgi VIII on frappa à Tiflis, d'après un autre système, des monnaies qui reçurent le nom de *giorgiaoul*, du nom du prince qui les
avait fait fabriquer.

B. MONNAIES DE WAKHTANG III.

42.   khaghanou   *Frappé par*
       darougha   *Ghazan,*
       Ghazanou   *vicaire*
       deledkekolok   *du khan*
       san   *suprême.*

℞. Dans un carré, en quatre lignes : بسم الاب والابن وروح. A la fin de la légende arabe : en monogramme. — *Wakhtang, roi.* — Au centre,
une croix dans un cercle. En marge : سنة..... تسعين وستماية — *L'an 69... (?) hég.*
(129... (?) È. Chr.).

Argent. — Pl. VII, n° 7.
Cabinet de l'Ermitage.

Klaproth, *Reise in den Kaukas.* t. II, p. 557. — *Mém. de l'Académie des sciences de Saint-Pétersbourg*, t. II, p. 506, n° 86.

Ghazan-khan, dont le nom figure sur cette monnaie et la suivante,
était fils d'Argoun ; il régna de 1295 à 1304.

---

43.   [بغوة خداى]   *Par la toute-puissance de Dieu*
[باقـبـال ياد]شاه   *et par la suprématie de l'empereur*
جهان غـازان   *du monde, Ghazan*
محمود ملك الملوك[ك] (؟)   *Mahmoud, roi des rois* (?)
Ⴂ**Ⴞ**Ⴇ Ⴀ-**Ⴔ**   *Wakhtang, roi.*

℞. Dans un carré, une croix avec la légende habituelle : بسم الاب والابن وروح
القدس.

Cuivre. Une variété. — Pl. VII, n° 8.
Cabinet de l'Ermitage; cabinet de France (don Bartholomæi).

Tychsen, *De num. Seldj.* t. I, p. 20, n° 15. — *Mém. de l'Acad. des sciences de Saint-Pétersbourg,*
t. II, p. 510, n° 105. — *Mines de l'Orient,* t. II, p. 184. — *Journal asiatique,* t. VIII, p. 344,
348. — Brosset, *Journal asiatique* (1836), p. 32. — Bartholomæi, *Lettres,* p. 113, pl. II,
n° 9.

IV.

Bagrat V (1360-1395).

Le règne de Bagrat V, petit-fils de Giorgi le Brillant, correspond
à celui de Timour-Leng qui entra six fois en Géorgie, et répandit
partout sur son passage la ruine et la dévastation[1]. Les calamités que
les invasions de Timour amenèrent en Géorgie sont sans doute la
cause de la confusion que l'on remarque dans les récits des chroniqueurs, et des lacunes regrettables que Wakhoucht signala le premier
dans la succession des règnes et l'enchaînement des événements accomplis à cette époque dans sa patrie[2]. En l'absence de toutes pièces et
de documents positifs sur ces temps malheureux, nous préférons nous
abstenir de raconter les faits rapportés dans les chroniques postérieures,
rédigées trop longtemps après les désastres causés par les invasions des
Timourides pour qu'elles méritent notre confiance. Toutefois, nous
dirons que le règne de Bagrat V, qui occupe une bonne partie de la

---

[1] Thomas de Medzoph', *Hist. de Timour,*
ms. de la Bibl. imp. de Paris, anc. fonds
armén. 36, et suppl. armén. 32; Brosset,
Hist. de la Géorg. add. XXII, p. 386 et suiv.

[2] Wakhoucht, *Avert. en tête de l'Hist. de
Karthli,* cf. Brosset, *Hist. de la Géorg.* t. II,
part. I, p. 1 et suiv. Brosset, *Chron. géorg.*
p. 1 et suiv.

seconde moitié du xvᵉ siècle, et qui était florissant jusqu'à l'époque de
la première invasion de Timour, en 1386, fournit à l'histoire une
page intéressante : c'est la période de calme et de tranquillité dont
jouissait la Géorgie après la chute des Houlagouides et des Djélaïrides
qui l'avaient opprimée jusque vers l'année 1370. Bagrat V s'était allié
avec les Grands-Comnènes de Trébizonde, par son mariage, contracté
en 1357, avec Anna, fille de l'empereur Alexis III, et en faisant épouser à Giorgi, son fils, une autre princesse de la même famille[1].

———

IMITATION DES ASPRES COMNÉNATS.

44. ჯ-ჯ-ჳ? ჯ-ჯ-Ლ? — მეფეთ მეფე ბაგრატ? მეფებისა მეფე[2] ანნა? — *Le roi des
rois Bagrat; la reine des reines Anna?* de chaque côté de la figure des deux personnages, debout et vus de face, tenant ensemble une longue croix.

℟. ᲥᲥ : ᲘᲡᲐ — დედა ღმრთისა. — *La mère de Dieu.* — Dessous, ΘΕΘ, pour
[ἡ ἁγία] Θεο[τόκος]. — *La Sainte-Mère de Dieu.* — La Vierge, nimbée et vue de face,
est assise sur un trône.

Argent. — Pl. VII, nᵒˢ 9 et 10.
Cabinet de l'Ermitage; collection Barataïeff.

Barataïeff, part. II, p. 5 et suiv. pl. I, nᵒ 1. — Brosset, *Revue*, p. 46 et suiv. — *Mél. asiat.* t. III,
p. 162, nᵒ 51.

On n'est point encore d'accord sur l'attribution de la curieuse
monnaie dont nous venons de donner la description d'après le général
Bartholomæi. Ce savant a bien voulu nous adresser, avec le dessin d'un
exemplaire très-bien conservé découvert par lui, une note très-détaillée
où il développe avec habileté les raisons qui l'engagent à classer cette
médaille au règne de Bagrat V. Avant lui, le prince Barataïeff l'avait
attribuée à Bagrat le Sot et à Dawith II le Réparateur, tandis que Brosset penchait à lire sur cette monnaie le nom d'un roi Dawith que,

[1] *Chron. de Michel Panarétos,* éd. de Fall-
mereyer; cf. aussi Pfaffenhoffen, *Essai sur
les aspres comnénats,* p. 56.
[2] Le mot მეფა est d'un emploi relative-
ment très-moderne, et on peut douter qu'il
ait été usité déjà au xivᵉ siècle. Le mot
დედოფალი est seul employé dans les textes
historiques.

faute de données suffisantes, il n'essaya point de déterminer. Selon le
général de Bartholomæi, la médaille en question, qu'il reconnut à son
type avoir été imitée d'un aspre de Trébizonde frappé par Jean II et
Alexis Comnènes, ne peut être attribuée qu'à Bagrat V et à sa femme
Anna. Voici le passage d'une lettre du savant numismatiste russe, dans
lequel il déduit les raisons qui militent en faveur de son attribution :
« La pièce que je propose de rendre à Bagrat V me semble avoir pour
« prototype un aspre de Trébizonde où Jean II est représenté vu de
« face avec son fils Alexis, aspre que M. de Pfaffenhoffen a faussement
« attribué à Manuel et à Alexis, et dont voici la description :

IW. OK. — ΑΛΕΖΙOC. K. — Jean et Alexis, debout et vus de face, tenant ensemble le globe crucigère, reposant sur une draperie. Jean porte de la main droite
le labarum, et Alexis un sceptre.

R′. O A. ΕΥΓΕΝΙOC. — Saint Eugène nimbé, debout et vu de face, tient une
longue croix.

« Si cette monnaie n'a pas servi directement de modèle à celle que
« j'attribue à Bagrat V, elle aura d'abord été imitée à Byzance, car on
« connaît des monnaies analogues de la même époque; et ensuite cette
« imitation aura servi de prototype quelque temps après à la pièce géor-
« gienne. Ainsi, M. de Saulcy classe au règne des deux Andronic une
« médaille[1] qui offre une analogie frappante avec l'aspre de Jean II et
« d'Alexis et la pièce de Bagrat V et d'Anna. Les costumes ont aussi une
« ressemblance parfaite, et il n'est pas possible de supposer que la pièce
« de cuivre de Constantin et d'Eudoxie Dalassène ait pu servir de pro-
« totype à celle qui nous occupe, puisque les vêtements royaux n'ont
« entre eux aucune espèce d'analogie. » Le savant numismatiste russe
fait encore observer qu'en attribuant la médaille en question à Bagrat V on s'explique facilement qu'une médaille géorgienne ait pu être
imitée d'un aspre de Trébizonde, puisque ce prince contracta des
alliances avec les Grands-Comnènes du Pont, et qu'il n'y aurait rien
d'impossible à admettre qu'il eût attiré à sa cour des monnayeurs
grecs.

[1] De Saulcy, *Essai de class. des suites monétaires byzantines,* pl. XXXII, 6.

V.

Giorgi VII (1395-1407).

Giorgi VII, fils de Bagrat V, était sur le trône depuis cinq ans
quand eut lieu une terrible invasion de Timour en Géorgie (1400).
Bientôt après le conquérant reparut (1401), et enfin (1403) il vint
de nouveau ravager et piller les contrées possédées par les rois bagratides. La Géorgie dévastée, ruinée, ayant perdu la meilleure partie de
ses guerriers, semblait destinée à être rayée du rang des nations chré-
tiennes, quand la mort frappa Timour (1405). Bientôt une ère nouvelle s'ouvrit pour les Géorgiens; chacun, excité par le zèle que
déploya le roi, travailla à l'œuvre de la réparation, pour nous servir
des expressions d'un chroniqueur national, et le pays, délivré du fléau
des envahisseurs, se releva de ses ruines. Giorgi VII mourut en 1407,
et fut enterré à Mtzkhétha par les soins de son frère Costantiné[1].

45. ᲬᲘ : ᲒᲤᲶ. — *Giorgi roi*, dans un carré inscrit dans un cercle. Grènetis
dans les segments.

Rʹ. الله بسم — *Au nom de Dieu*, en deux lignes. Filet au pourtour.

Argent. — Pl. VII, n° 11.
Musée asiatique de l'Académie des sciences de Saint-Pétersbourg.

> Brosset, *Revue*, p. 71 et suiv. pl. n° 4. — *Revue d'Orient* (1860), p. 315; cf. Bartholomæi,
> *Les monnaies de Giorgi VII, etc.*

Cette médaille, avec celles décrites sous la rubrique du règne suivant, faisaient partie d'une importante trouvaille de monnaies orientales, exhumées à Lorhi, en 1832[2], et dont l'enfouissement remontait
à l'année 1430, époque d'une invasion musulmane pendant laquelle
cette ville fut dévastée, ainsi que l'atteste Wakhoucht[3]. L'ensemble de
ce trésor se composait de pièces de différentes dynasties orientales; de

[1] Brosset, *Histoire de la Géorgie*, t. I,
p. 664 et suiv.

[2] *Gazette de Tiflis*, 1832, p. 252.

[3] Brosset, *Histoire de la Géorgie*, t. I,
p. 680, note 4.

monnaies byzantines et géorgiennes. L'examen des légendes inscrites sur les monnaies musulmanes a fourni les dates extrêmes 1343 et 1426, d'où le général de Bartholomæi a conclu, avec beaucoup de finesse, que c'était à l'année 1430, qui coïncide avec le pillage de Lorhi, que remontait l'enfouissement du trésor. Comme les monnaies géorgiennes comprises dans cette trouvaille ne portaient que deux noms de rois, ceux d'un Giorgi et d'un Costantiné, et que les pièces de ce dernier, ainsi que le général de Bartholomæi l'a démontré, offrent la date ჯ = 100 du chronicon qui correspond à l'an 1413 de notre ère, il s'ensuit que les médailles avec le nom de Giorgi sont de Giorgi VII, et que les autres appartiennent à Costantiné II, son frère.

Pendant le règne de Giorgi VII, c'était l'or de Timour qui circulait dans la Géorgie; un passage de l'historien Schérif-eddin nous apprend que Giorgi, afin d'éloigner les Mongols, fit offrir à Timour, entre autres présents, mille pièces d'or au nom du conquérant, et que ce don calma la colère du prince mongol qui passa le Kour et alla relever les murailles de Baïlacan, dans le Karabagh[1].

VI.

Costantiné II (1407-1414).

L'histoire de Géorgie, à l'époque du règne de Costantiné, présente d'étranges contradictions, que l'on ne peut expliquer que par l'état de désordre où se trouvait encore ce royaume par suite des dévastations de Timour. Selon l'annaliste anonyme qui enregistra les faits accomplis entre les années 1407 et 1414, le trône de la Géorgie aurait été occupé par deux rois, Dawith VIII, qui aurait succédé à Giorgi VII, en 1407, et son successeur Giorgi VIII, mort en 1413 ou 1414[2]. Selon Wakhoucht, au contraire, Giorgi VII aurait eu pour

---

[1] Schérif-eddin, *Vie de Timour*, trad. par Petis de la Croix, t. IV, p. 115; Brosset, *Histoire de la Géorgie*, add. p. 397; Introd. à *l'Histoire de la Géorgie*, p. LXXXVI.

[2] Brosset, *Histoire de la Géorgie*, t. I, p. 677 et suiv.

successeur, en 1407, son frère Costantiné II. Celui-ci, après avoir vaillamment combattu les Turks d'Anatolie, qui infestaient encore la Géorgie après la retraite des hordes de Timour, se serait jeté, victime de son courage téméraire, dans un corps de troupes ennemies où il aurait trouvé la mort, en 1414. Costantiné fut remplacé par son neveu Alexandré, fils de Giorgi VII, qui le fit enterrer à Vardzia, comme nous l'apprend le goudjar des Barathians [1]. Entre ces deux listes de princes fournies par les chroniqueurs nationaux, il eût été difficile d'opter, si les monuments diplomatiques et numismatiques n'étaient venus appuyer d'une manière formelle le témoignage de Wakhoucht.

46. ႩႰႪႬ, pour კონსტანტინე. — *Costantiné*, dans un carré inscrit dans un cercle.

Rʹ. بسم الله — *Au nom de Dieu*, en deux lignes. Filet au pourtour.

Argent. Une variété. — Pl. VII, nᵒˢ 12 et 13.
Musée asiatique de Saint-Pétersbourg.

Brosset, *Revue*, pl. nᵒˢ 5 et 6. — *Revue d'Orient*, p 315.

47. ႩႧ : Ⴃ. — *Costantiné, roi.* — Dans un carré inscrit dans un cercle.
Rʹ. بسم الله — Filet au pourtour.
Argent. — Pl. VII, nᵒ 14.

Musée asiatique de Saint-Pétersbourg.

Brosset, *Revue*, pl. nᵒ 7. — *Revue d'Orient*, p. 315.

La légende du droit de cette pièce est gravée au rebours; la lettre Ⴃ est aussi assez mal figurée.

48. ႩႭႱႬ. — *Costantiné.* — Filet au pourtour.
Rʹ. بسم الله — Filet au pourtour.

Argent. — Pl. VII, nᵒ 15.
Musée asiatique de Saint-Pétersbourg.

Brosset, *Revue*, pl. nᵒ 8. — *Revue d'Orient*, p. 315.

[1] Brosset, *Histoire de la Géorgie*, p. 679, note 1.

Les légendes du droit et du revers ont été gravées au rebours, de telle sorte que la lecture en était très-difficile, et c'est à cette cause qu'il faut attribuer les classifications proposées, avant le général Bartholomæi, par M. Brosset et par nous.

---

49. ႫႴႺ : ႫႴႶ : Ⴌ : ႵႭႱ : Ⴧ. — *Le roi des rois Costantiné. Chronicon 100.* — Le Ⴧ = 100 est inscrit dans un cercle, au centre de la pièce.

Ŗ. ႱႤႺ : ႭႱႺ. — სახელითა ღმრთისათა. — *Au nom de Dieu*, en deux lignes. Filet et grènetis.

Argent. — Pl. VII, nᵒˢ 16 et 17.
Musée asiatique de Saint-Pétersbourg.

Brosset, *Revue*, pl. nᵒˢ 9, 11. — *Revue d'Orient*, p. 315.

---

50. ႫႴႺ : ႫႴႶ :? ႵႭႱ : Ⴧ. — *Le roi des rois [Costantiné]. Chronicon 100.* — La légende est rétrograde et les caractères sont gravés au rebours.

Ŗ. ⳡ : ႱႤႺ : ႭႱႺ. — *Christ! au nom de Dieu*, en deux lignes. La première lettre ⳡ est arménienne.

Argent. — Pl. VII, nᵒ 18.
Musée asiatique de Saint-Pétersbourg.

Brosset, *Revue*, pl. nᵒ 9. — *Revue d'Orient*, p. 315.

La lecture et l'attribution des monnaies de Costantiné II sont dues à la sagacité du général de Bartholomæi; guidé par une heureuse inspiration, ce savant reconnut que la lettre Ⴧ, qui est figurée au centre des médailles dont on vient de lire la description, ne devait pas être l'initiale d'un nom royal, mais qu'elle avait une valeur numérale (100), et indiquait la centième année du cycle pascal, qui correspond à l'année 1413 de notre ère. Or, en 1413, Wakhoucht nous apprend que Costantiné occupait le trône de Géorgie, et précisément la lettre Ⴌ, initiale du nom de ce prince, se lit au droit des pièces en question. Appuyant cette découverte sur la lecture certaine d'autres pièces du même prince où son nom est transcrit presque en entier, le général de Bartholomæi a éclairci un point obscur de l'histoire de

13

la Géorgie, et a enrichi la suite monétaire des souverains de ce pays
d'une série de médailles fort curieuses, puisqu'elles comblent une
lacune dont personne avant lui n'avait songé à signaler l'existence.
Mais cette découverte, assurément la plus importante qui ait été faite
en numismatique géorgienne pendant ces dernières années, a fourni
au savant général l'occasion de signaler un autre fait tout aussi remarquable et qui découle de la lecture des monnaies de Costantiné, rapprochée de l'époque où fut enfoui le trésor de Lorhi. Nous avons fait
observer que Costantiné termina ses jours en 1414, et que l'enfouissement eut lieu en 1430. Or, pendant cet espace de temps, le trône
de Géorgie était occupé par Alexandré, qui mourut seulement vers
1442; il s'ensuit donc que si ce dernier prince avait battu monnaie
dans les seize premières années de son règne, on aurait probablement trouvé des pièces avec son nom parmi celles de Giorgi VII et de
Costantiné II. Cette lacune dans la fabrication du numéraire géorgien est d'autant plus regrettable que les textes historiques font mention des monnaies qui eurent cours sous le règne d'Alexandré. On
peut supposer que ces monnaies devaient se composer des pièces de
Giorgi et de Costantiné dont nous venons de parler, car on lit dans une
charte qui est une constitution pour la réparation des églises et la
fixation de la redevance que chaque famille devait acquitter dans ce
but, que l'impôt serait de quarante blancs par an, et que cette coti-
sation devrait être fournie pendant vingt-sept années consécutives[1].
Les pièces de Giorgi VII et de Costantiné II étaient donc des blancs ou
des fractions de cette monnaie, puisque le cirmanéoul de Trébizonde,
qui avait cours aussi à cette époque, était un multiple du blanc, ainsi
que le prouvent les variantes fournies par d'autres copies de la charte
de réparation. Wakhoucht, qui mentionne ce document diplomatique,
a remplacé en effet les mots « quarante blancs » par ceux-ci « trois cir-
« manéouls[2], » d'où l'on peut conclure que quarante blancs équiva-

<hr>

[1] Brosset, *Histoire de la Géorgie*, t. I,
p. 681; *Rapports*, IV, p. 16.

[2] Wakhoucht, *Hist. de Karthli*, avertiss.

dans Brosset, *Histoire de la Géorgie*, t. II,
part. 1, p. 9.

laient, à l'époque d'Alexandré, à trois cirmanéouls; Au surplus, comme
les monnaies de Costantiné II sont très-minces et d'un module inférieur à celui des aspres de Trébizonde, on peut en induire que
la leçon de Wakhoucht est parfaitement admissible, et que le blanc
géorgien n'avait plus de son temps la même valeur que précédemment.
Il serait très-difficile aujourd'hui d'indiquer avec quelque certitude les
variations que subirent les monnaies à cette époque de désastres sans
cesse renouvelés, puisque les textes historiques ne disent rien des
décris de monnaies et des renchérissements subis qui constituaient les
opérations financières des rois.

VII.

Les successeurs d'Alexandré.

Alexandré succéda à Costantiné II, son frère, en 1414. S'il faut en
croire les Annales, ce prince aurait partagé ses États entre ses enfants;
Dawith, qui avait pris l'habit monastique et devint catholicos dans la
suite, ne régna pas, mais ses autres fils portèrent tous des couronnes.
Wakhtang, l'aîné, fut nommé par son père roi du Kárthli, et occupa
le trône de l'an 1442 à l'an 1445 ou 1447. Après lui, Démétré III,
qu'Alexandré avait créé roi d'Iméreth, succéda à Wakhtang IV[1], et
mourut l'année même de la prise de Constantinople par les Turks
(1453). Giorgi VIII, qui avait eu en apanage le Cakheth, devint roi du
Karthli à la mort de Démétré III. Mais ici l'histoire commence à être
enveloppée de ténèbres; les Annales fournissent une série de rois qui
se succédèrent dans le Kárthli, et Wakhoucht en établit une autre qui
diffère sur beaucoup de points de la première[2]. Cette double version
jette beaucoup d'incertitude sur la suite des événements accomplis à
cette époque, et la critique est impuissante à mettre d'accord les récits
si divers des chroniqueurs nationaux. Toutefois, il semble résulter de
l'étude des textes que, sous le règne de Giorgi VIII, le pays était déchiré

---

[1] Brosset, *Histoire de la Géorgie*, t. I,
p. 684.
[2] *Ibid.* pag. 685-687; notes, pag. 689;

Wakhoucht, *Histoire du Karthli*, etc. cf. Brosset, *Histoire de la Géorgie*, t. II, part. 1,
p. 1 et suiv.

13.

par des révolutions intestines et des guerres civiles. On sait, en effet, qu'un certain Bagrat, fils de Démétré, éristhaw d'Iméreth, après avoir été mis par Giorgi en possession de l'héritage de son père, contracta une alliance avec l'atabek Quouarquouaré, qui déclara la guerre au roi du Karthli et le fit prisonnier. Sur ces entrefaites, Bagrat, profitant de l'absence de Giorgi, s'empara du Karthli; mais le Béhadour, fils de l'atabek Quouarquouaré, qui avait succédé à son père, rendit la liberté à Giorgi. Ce dernier en profita pour reprendre le Karthli à l'usurpateur. Wakhoucht assigne l'année 1469 comme étant celle de la mort de Giorgi [1].

A. MONNAIES DE DÉMÉTRÉ D'IMÉRETH (1447-1452).

51. Ⴃ : ᲒᲤᲬ : Ⴃ. — *Démétré, roi des rois*, en deux lignes, dans un double cercle séparé par un grènetis.

℟. ᲒᲤᲬ : ᲒᲤᲬᲖ. — *Roi des rois*, en deux lignes, dans un double cercle séparé par un grènetis.

Argent et billon. — Pl. VIII, n⁰ˢ 1 et 2.
Cabinet de France.

Revue archéologique (1856), p. 721, pl. 278, nᵇˢ 7, 9.

B. MONNAIES DE GIORGI VIII (1452-1469).

52. ᲒᲤᲬ : ᲕᲛ. — *Le roi Giorgi*. — Tête barbue, vue de profil et tournée à gauche. Grènetis.

℟. Lion passant à gauche. Grènetis.

Argent. Une variété. — Pl. VIII, n⁰ˢ 3, 4.
Cabinet de France et collection Barataïeff.

Barataïeff, part. II, p. 8, pl. I, n° 2. — Brosset, *Revue*, p. 53. — *Revue archéologique*, pl. 278, n⁰ˢ 1, 2.

---

53. Tête barbue et couronnée, vue de face. Grènetis.
℟. ᲒᲤᲬ : ᲕᲛ. — *Le roi Giorgi*. — Grènetis.

[1] Brosset, *Hist. de la Géorg.* t. II, part. I, p. 11.

Argent. Une variété. — Pl. VIII, n° 5.
Cabinet de France et collection Barataïeff.

> Barataïeff, part. II, p. 19 et suiv. pl. 1, n⁰ˢ 3, 4. — Brosset, *Revue*, p. 53. — *Revue archéologique*, pl. 278, n° 3.

C. MONNAIES DE BAGRAT D'IMÉRETH.

54. Buste de Bagrat, vu de face; à sa gauche, une croix. Filet au pourtour.
℟. ꝑ·ΦꝪ — ꝗⱮ ✳. — მეფე ბაგრატი? — *Le roi Bagrat*, en deux lignes. Grènetis au pourtour.

Argent. — Pl. VIII, n° 6.
Cabinet de France.

> *Revue archéologique*, pl. 278, 4.

55. Même type que ci-dessus.
℟. ꝑ·ΦꝪ — ꝗꝒ †. — მეფე ბაგრატი. — *Le roi Bagrat.* — Filet au pourtour.

Billon. Une variété, avec le chiffre de Bagrat figuré ꝗ † Ꝓ. — Pl. VIII, n⁰ˢ 7 et 8.
Cabinet de France.

> *Revue archéologique*, pl. 178, n⁰ˢ 5, 6.

Les monnaies de Démétré, de Giorgi et de Bagrat ont été découvertes en 1850 aux environs de Tiflis, et furent apportées à Constantinople, où M. H. Cayol, orientaliste distingué, en fit l'acquisition. Ces médailles ont été décrites dans la *Revue archéologique*, et offertes par nous au Cabinet des médailles de la Bibliothèque impériale. Leur style et leur frappe dénotent une époque barbare, et les procédés de fabrication sont les mêmes que ceux employés dans la seconde moitié du xvᵉ siècle dans les États voisins de la Géorgie[1]. Nous savons, en effet, qu'à cette époque la fabrication des monnaies d'argent consistait à appliquer des empreintes sur des baguettes d'argent assez minces que l'on coupait aux deux bouts avec le ciseau et par parties à peu près égales, ce qui donnait aux pièces une forme oblongue. C'est ainsi que furent frappées les petites monnaies des derniers Djoudjides[2], des

[1] Bartholomæi, *Lettres*, XIV, p. 60 et suiv. — [2] Fræhn, *Mus. Fusch.* pl. XII, XIII.

khans de Crimée et d'Astrakhan, des princes apanagés et des villes han-
séatiques russes, depuis le xve jusqu'au xviie siècle[1]. La trouvaille dé
Tiflis était loin de renfermer autant de monnaies que celle de Lorhi,
et les pièces que l'on y a découvertes se rapportent aux règnes de
Démétré d'Iméreth, de Giorgi VIII et de Bagrat d'Iméreth, ce qui nous
autorise à penser que l'enfouissement de ces monnaies eut lieu entre
les années 1465 et 1470 environ. En effet, elles étaient mêlées à de
petites monnaies qui rappellent le type dégénéré des derniers Djoudjides, et nous savons que la date de cette décadence coïncide tout
à fait avec celle que nous assignons aux monnaies géorgiennes en
question.

Les monnaies de Démétré d'Iméreth ne peuvent être attribuées à
aucun autre souverain, puisque nous savons qu'à l'époque dont il
s'agit Démétré fut le seul prince de ce nom, et il serait téméraire de
supposer que ces pièces peuvent être reportées au règne de Dawith VII,
qui régnait avant Bagrat V dont nous avons publié une monnaie frappée à l'imitation des aspres de Trébizonde. Le coin qui a servi à la
confection de ces monnaies était d'un module beaucoup plus grand
que le morceau de métal destiné à recevoir l'empreinte, et, à en juger
par le cercle et le grènetis du pourtour, on peut croire que la matrice
avait été gravée dans le but de fabriquer des pièces d'un diamètre
égal à celui des monnaies des Houlagouides et des Comnènes de Trébizonde. Ceci appuie donc encore l'opinion que nous avons émise précédemment à propos des monnaies de Costantiné II, à savoir que le
blanc géorgien au xve siècle avait une valeur inférieure à celle des dirhems
mongols et des aspres comménats.

Les pièces que nous attribuons à Giorgi VIII ont été fabriquées
d'après le même procédé que celles de Démétré; seulement le type
est différent, et l'on n'a pas de peine à reconnaître qu'elles sont imitées
des monnaies de la ville hanséatique de Pskoff, dont le commerce
était très-étendu et dont le numéraire arrivait jusque dans la Transcaucasie.

[1] Chaudoir, *Aperçu sur les monn. russes;* Tchevtkoff, *Descr. des monn. russes* (en russe).

Le cartulaire de la Géorgie fournit, pour le règne de Giorgi VIII, plusieurs pièces diplomatiques d'un grand intérêt numismatique. Dans deux chartes qui réglaient le prix du sang que les meurtriers étaient tenus de payer à la famille des Iouroulis-Chwili, il est fait mention de plusieurs sortes de monnaies qui avaient cours sous le règne de Giorgi VIII et dont la valeur est en outre parfaitement indiquée. Ainsi le rédacteur du premier acte stipule que le prix du sang sera payé en *kilmanaours*, altération du mot *cirmanéoul*, et, pour éviter toute contestation entre les parties, il insiste en disant que c'est en kilmanaours blancs que le payement sera effectué[1]. Dans le second acte, qui est un renouvellement du premier, ou, en d'autres termes, une confirmation de la charte précédente, le rédacteur explique que le cirmanéoul était une monnaie équivalant à deux chaours[2]. Or nous savons que la monnaie courante de la Géorgie à l'époque de Giorgi VIII était, concurremment avec les petites pièces que nous avons décrites précédemment, l'aspre comnénat de Trébizonde; on peut donc tirer cette conclusion que le cirmanéoul blanc était un multiple du chaour ou, ce qui revient au même, des petites monnaies d'argent géorgiennes que nous avons attribuées à Démétré, à Giorgi VIII et à Bagrat.

Outre les monnaies que la trouvaille de Tiflis nous a fait connaître, on a signalé aussi l'existence d'une autre monnaie d'argent de Giorgi VIII qui fut longtemps confondue par les numismatistes avec la monnaie de Jean IV de Trébizonde (1447-1448). Les aspres de ce prince sont, comme on sait, de bas aloi, de couleur grise, et c'est cette teinte qui servait à les distinguer des pièces d'argent pur, dites cirmanéouls blancs. Le nom de *cirmanéoul*, appliqué aux aspres trébizondains, aura sans doute engagé les Géorgiens à donner aux monnaies fabriquées à leur imitation la dénomination de *giorgiaoul*, du nom de Giorgi VIII, appellation qui permettait de reconnaître les monnaies nationales de celles de Trébizonde.

<hr>

[1] Brosset, *Histoire de la Géorgie*, t. II, part. 1, p. 16, et *Introduction à l'Histoire de la Géorgie*, p. xcv.

[2] Brosset, *Introduction à l'Histoire de la Géorgie*, p. xcix; *Rapports*, VI, p. 84.

IMITATION DES ASPRES COMNÉNATS.

56. **Ⴑ·Ⴔ·** : **Ⴂ·Ⴈ**. — *Le roi Giorgi.* — Le roi, debout et vu de face, tenant un sceptre et ayant sur la tête une couronne à trois fleurons.

℞. [O. A] ЄΥΓЄΝΙΟC. — Saint Eugène, debout, nimbé et tenant une croix.

Argent. Plusieurs variétés. — Pl. VIII, n° 9.
Collection Barataïeff.

Pfaffenhoffen, *Essai sur les aspres comnénats,* pl. IV, 38, 40. — Barataïeff, part. II, pl. I, C. — Bartholomæi, *Lettres,* XI, p. 46.

Les prototypes de la monnaie dont on vient de lire la description sont, à n'en pas douter, les aspres de bas argent que M. de Pfaffenhoffen a attribués à Jean IV, et qu'à cause de la grande différence de fabrique et de style, le savant numismatiste allemand a su distinguer parfaitement de ceux de ses prédécesseurs homonymes. Sans entrer ici dans le détail des circonstances qui ont engagé M. de Pfaffenhoffen à restituer à l'un des derniers Comnènes du Pont les pièces de bas aloi et de style barbare qui ont servi de modèles aux monnayeurs qui, sous le règne de Giorgi VIII, imitèrent en Géorgie les aspres trébizondains, nous insisterons cependant sur un point capital et qui tranche définitivement la question de la classification des monnaies dont il s'agit. On a pu observer que les aspres de Jean IV témoignent d'une décadence complète, puisque le style, le poids et la pureté du métal portent avec eux l'indice d'une sensible altération; mais ce qui est tout à fait décisif pour l'attribution de ces médailles à Jean IV, c'est la présence de ces aspres barbares parmi les petits dirhems de Schah-Rokh le timouride et de Djihan-Schah le kara-kouyounlou, à l'exclusion de toute autre monnaie trébizondaine. Or, si ces aspres barbares sont de l'époque des dirhems en question, nul doute qu'ils ne doivent être reportés au règne de Jean IV. M. le général de Bartholomæi, à qui l'on doit ces observations, fait aussi remarquer que les aspres de Jean II, de Manuel Ier et d'Alexis II, qui sont d'un style plus soigné et dont l'argent est de pur aloi, annonçant une époque antérieure dans le mon-

nayage, se trouvent très-souvent enfouis avec des monnaies houlagouides [1]. De ceci il résulte très-clairement que les monnaies avec le
nom de Jean, ιա, de bas aloi et de fabrique barbare, sont de Jean IV,
qui régna de 1446 à 1458, et puisqu'elles ont servi de prototype aux
pièces géorgiennes avec le nom de Ⴑ, celles-ci ne peuvent avoir été
frappées que pendant la seconde moitié du xve siècle. Or, nous connaissons les monnaies de Giorgi VII, qui régna de 1395 à 1407, et nous
savons que dans le courant du xve siècle il n'y eut qu'un seul souverain du Karthli qui ait porté le nom de Giorgi, et c'est précisément le
septième du nom dans la succession des Bagratides. On sait aussi que
Giorgi VIII était allié aux Comnènes par les liens du sang, et qu'il était
sur le trône au moment de la chute de Trébizonde; on peut donc supposer que, lors de l'émigration qui suivit la prise de cette ville par les
musulmans, des graveurs de monnaies, d'origine grecque, à l'exemple
des peintres à fresque qui affluèrent en Géorgie au xve siècle, vinrent
de même se fixer parmi leurs coreligionnaires de la Transcaucasie,
pour y exercer leur industrie.

Ici s'arrête très-probablement le monnayage géorgien au moyen
âge. Il y avait peu de temps que l'Orient chrétien venait de recevoir
un coup terrible; Constantinople était tombée aux mains de Mahomet II, et bientôt les hordes turques, enhardies par leurs victoires,
s'élançaient sur l'Asie et sur l'Europe, menaçant de tout envahir. Le
royaume de Géorgie et l'empire de Trébizonde, qui s'étaient mainte-
nus, en dépit des invasions musulmanes, jusque dans la seconde moitié du xve siècle, furent bientôt absorbés dans les étreintes de l'islam.
Depuis longtemps déjà la Géorgie était plongée dans le désespoir, et
le dernier flambeau de la chrétienté en Asie ne jetait plus qu'une
pâle et sombre lumière. Placée aux confins de l'empire des Osmanlis
et de celui des Sofis, la Géorgie devint le théâtre de leurs sanglantes
querelles; privée de son homogénéité depuis le partage du pays entre
les fils d'Alexandré, n'ayant pour la gouverner que des princes im-

[1] *Zeitschrift zur Münz. Sieg.* etc. Cf. Bartholomæi, *Lettres sur la num. trébizondaine.*

14

puissants à la défendre, elle se voyait chaque jour arracher par lambeaux ses provinces décimées par la guerre et par la famine, et les monarques issus de l'antique race des Bagratides en étaient réduits à subir le joug odieux des musulmans de la Perse et de la Turquie.

Vers la fin du xvi⁰ siècle, c'est-à-dire au moment où Schah-Abbas Iᵉʳ eut soumis à ses lois l'Arménie et la Transcaucasie, les provinces de la Géorgie étaient occupées par des armées persanes, dont le commandement était confié à des khans qui achevaient de consommer la ruine du pays. Le Karthli et le Cakheth étaient devenus des provinces persanes, tandis que l'Iméreth était au pouvoir des Osmanlis. Cependant les rois du pays conservaient encore, sous le contrôle de leurs oppresseurs, un semblant de pouvoir souverain, à la condition de remettre aux mains des lieutenants du schah l'administration du pays.

Depuis la seconde moitié du xvᵉ siècle jusque dans les premières années du xviiiᵉ, le monnayage national fut tout à fait interrompu. La monnaie courante se composa d'abord d'aspres comnénats et de monnaies persanes; mais bientôt les successeurs de Schah-Abbas ayant installé à Tiflis un hôtel des monnaies, le numéraire persan devint la seule monnaie courante de la Géorgie. Il existe dans les collections plusieurs spécimens de pièces persanes frappées à la monnaie de Tiflis et dont les premières datent de l'an 1060 hég. (1650 È. Chr.)[1], Les plus modernes ont été frappées en l'an 1161 hég. (1748 È. Chr.), ainsi qu'une médaille de la collection de M. Soret nous en fournit la preuve. Durant cet intervalle de temps, les Osmanlis firent aussi battre des monnaies à Tiflis; on connaît plusieurs pièces avec le nom du sultan Achmet III, portant les dates 1115 et 1135 hég. (1703-1704 et 1722-1723 È. Chr.); enfin une monnaie de Mahmoud Iᵉʳ[2] de l'an 1148 hég. (1735-1736 È. Chr.).

Pendant cette époque d'oppression et de servitude, les appellations

<hr>

[1] Fræhn, *Numi Muh. qui in mus. as. asserv. Recensio*, sub voce *Sefid*. Barataïeff, *Doc. num.* introd. p. 5.

[2] Fræhn, *Recensio*, p. 522; Barataïeff, *Doc. num.* p. 5.

monétaires employées en Géorgie étaient presque exclusivement empruntées aux Persans. En effet, les chartes et les Annales, tout en faisant mention des anciens noms de monnaies qui s'étaient perpétués par l'usage, emploient aussi très-souvent les appellations dont les Persans se servaient pour désigner leurs différentes espèces de monnaies. Ainsi les monnaies d'or sont appelées drakani[1], phlouri[2], quelquefois aussi sika (sequins?)[3], et il est facile de voir que ces trois dénominations s'appliquaient à des pièces de la valeur de trente chaours. Quand les Osmanlis eurent imposé le pays, après l'invasion de 1724, les appellations monétaires restèrent les mêmes, le drakan désigna l'or; l'abbasi et le chaour, l'argent[4]. Toutefois, s'il s'agissait de sommes considérables, comme, par exemple, du tribut que la Géorgie devait acquitter aux Persans, ou de toute autre valeur importante, les textes historiques emploient le mot *touman*, تومان, monnaie de compte en usage dans la Perse et qui passa chez les peuples soumis à sa domination. La première mention du touman se rencontre dans l'histoire de Géorgie au xve siècle; une charte de 1460, par laquelle Giorgi VIII fixe le prix du sang des Kwéniphnéweli, stipule que le roi « accorde et octroie cette charte.... « à telles fins que celui qui péchera contre le sang d'un des membres de cette famille, lui payera cent soixante et dix mille cirmanéouls « de deux chaours l'un, ce qui fait un total de quatre mille cent « toumans de théthri géorgiens[5]. » Depuis l'époque où le touman est mentionné pour la première fois dans les documents diplomatiques géorgiens, avec la valeur que le rédacteur de la charte de Giorgi VIII lui assigne, cette monnaie subit de notables variations, et son nom finit par devenir plus tard l'équivalent d'une simple monnaie courante[6].

En résumé, les monnaies courantes de la Géorgie pendant les xvie et xviie siècles étaient les suivantes : l'abbasi et ses multiples, le chaour

---

[1] Brosset, *Histoire de la Géorgie*, t. II, part. 1, p. 125; *Chr. de Papouna Orbélian.*

[2] Brosset, *Histoire de la Géorgie*, l. cit. p. 192; Wakhtang, *Code*, § 15.

[3] Brosset, *l. c.* p. 193.

[4] *Ibid.* p. 125.

[5] Brosset, *Rapports*, VI, p. 84-85.

[6] *Journal asiatique* (1835), p. 12, note 1.

ou tenga (dangi), le cirmanéoul, le drama, le kalakouri-drama, le drakan, le ghilia, le martchil, le mitscal, le somi, le théthri ou blanc, et enfin le touman [1]. Quelques-unes de ces appellations s'appliquaient, sans nul doute, à certaines monnaies étrangères à la Perse et à la Géorgie, et qui avaient circulé dans le pays à la suite des relations commerciales établies entre les habitants de la Géorgie et les peuples de l'Europe. Ainsi on vit apparaître à Tiflis, dans les premières années du xviie siècle, une grande quantité de pièces d'argent de Sigismond III, roi de Pologne, que les juifs de ce pays avaient apportées en Géorgie [2], où elles eurent cours pendant un certain temps, concurremment avec le numéraire persan; enfin, on rencontre parfois dans les bazars des piastres d'Espagne et des sequins de Venise [3]; mais la présence de ces monnaies dans la Transcaucasie ne doit être signalée qu'à titre de renseignement.

[1] Brosset, *Introduction à l'Histoire de la Géorgie*, p. CLXXIX.

[2] Bartholomæi, *Lettres*, XVI, p. 68.

[3] *Lettres sur le Caucase*, p. 279.

CHAPITRE IV.

MONNAIES DES BAGRATIDES DU MOUKHRAN, MAÎTRES DU KARTHLI ET DU CAKHETH,
SOUS LA SUZERAINETÉ DE LA PERSE.

A la mort de Rostom-khan, dernier monarque de la race des Bagratides purs, des princes d'une branche collatérale de cette famille, les
Bagratides du Moukhran, s'emparèrent du Karthli, grâce à l'appui de
la Perse, dont ils se déclarèrent les vassaux. Wakhtang VI, premier
prince de cette dynastie, embrassa la religion musulmane et prit le
nom de Houssein-Qouli-khan. Houssein-schah lui confia le gouvernement de la Géorgie et investit son fils Bakar du titre de naïb du Karthli (1716)[1]. Les princes de cette dynastie obtinrent, à ce qu'il paraît,
des Persans l'autorisation de faire frapper des monnaies, et, en effet,
on connaît des pièces fabriquées à Tiflis au nom des souverains géorgiens du Karthli, depuis l'année 1712 environ jusqu'à l'annexion de
la Géorgie aux possessions de l'empire de Russie.

Toutefois, ces monnaies n'étaient pas les seules que l'on frappait à
Tiflis, car les schahs de Perse, qui exerçaient leur domination sur la
Géorgie et avaient un hôtel des monnaies dans la capitale du Karthli,
faisaient fabriquer une assez grande quantité de numéraire, puisqu'on
rencontre dans les collections des pièces persanes portant l'indice de
la monnaie de Tiflis[2] jusqu'à l'année 1161 hég. (1748 È. Chr.)[3].

Il existe un document très-curieux rédigé par le roi Wakhtang VI,
alors qu'il n'était encore que prince royal, et qui a pour titre *Dastoula-
mâl*, « instructions, » dans lequel on trouve de précieux renseignements sur les monnaies en usage de son temps dans la Géorgie[4]. Ce

---

[1] Brosset, *Hist. mod. de la Géorg.* t. II,
2e part. *Chron. de Sekhnia Tchkheidzé*, p. 1
et suiv.

[2] Barataïeff, *Doc. num.* p. 5.

[3] Cf. la monnaie de l'Efcharo-Séfide
Schah-Rokh, de la coll. de M. Soret (de
Genève).

[4] Brosset, *Intr. à l'Hist. de la Géorg.* p. civ.

traité, qui renferme un exposé des revenus du roi et la liste nomina-
tive des dignitaires ou employés en fonction dans les premières années
du xviiie siècle, est le travail le plus complet et le plus positif que l'on
connaisse sur l'administration féodale de la Géorgie. Le S 61 est spé-
cialement consacré aux monnaies; seulement les notions qui y sont
contenues sont difficiles à saisir, à cause de la quantité de mots techni-
ques que l'auteur a employés. On y trouve mentionnés le touman, le
zikila (sequin?), le martchil, le minaltoun, l'abbasi, le chaour et le bist.
Les noms de ces monnaies prouvent que le numéraire persan abondait
dans le pays, et qu'il composait en majeure partie la seule monnaie en
circulation jusqu'au règne d'Éréclé II, qui fit fabriquer des monnaies
à l'imitation du type russe. Ce ne fut guère qu'à dater de la seconde
moité du xviiie siècle que les chroniqueurs, qui jusqu'alors avaient fait
usage de dénominations géorgiennes et persanes pour les monnaies,
commencèrent à employer les appellations russes; et en effet, Papouna
Orbélian et Oman Kherkhéoudilitzé se servent presque constamment
des mots *rouble-argent* et *kopek* dans leurs chroniques.

I.

Suimon, régent (1712-1716).

Wakhtang VI ayant été mandé en Perse par Houssein-schah, la reine
Rousoudan confia la régence du royaume, en l'absence de son mari, au
frère de celui-ci, le prince Suimon, qui est désigné dans la Chronique
sous le titre de *Djanischine* (en persan, جانشين, *locum tenens*)[1]. L'histoire ne dit pas autre chose de ce prince, qui fut vraisemblablement le
premier Bagratide du Moukhran qui frappa monnaie, puisque jusqu'à
présent on n'a découvert aucune médaille avec le nom de Wakhtang VI.

———

57. ჰომ, pour სუიმონ. — *Suimon.* — Dragon. Grènetis.

R̃. ١١٢٤ فلوس ضرب تفليس. — *Fels frappé à Tiflis,* 1124 (1712 È. Chr.). —
Grènetis.

[1] Brosset, *Hist. de la Géorgie,* t. II, part. ii, p. 32, *Chron. de Sekhnia Tchkheidzé.*

Cuivre, grand module. Une variété. — Pl. VIII, n°s 10 et 11.
Cabinets de l'Ermitage et de France (don Bartholomæi).

Bartholomæi, *Lettres*, p. 113, pl. II, n°s 11, 12

Les monnaies de cuivre frappées à Tiflis par les Bagratides du Moukhran offrent, pour la plupart, des figures d'animaux qui les ont fait
ranger par les numismatistes dans la série des pièces anonymes du même
genre que les souverains de la Perse firent fabriquer à Érivan, Ispahan,
Gandza, Tébriz, Nakhitchevan, Hamadan, Baghdad, Schiraz, etc.[1] La
seule différence qui les distingue de celles-ci, c'est la présence du nom
royal géorgien en caractères mkhédrouli ou assomthawrouli. Ces
pièces viennent donc confirmer les témoignages historiques qui nous
montrent l'état de dépendance et de vassalité de la Géorgie envers
la Perse pendant tout le temps que dura leur émission.

Personne n'ignore que les figures d'animaux qui sont représentées
sur les monnaies des Houlagouides, etc. servent à désigner les années du
cycle duodénaire que les Mongols et d'autres peuples de l'Asie, comme
les Malays, les Siamois, les habitants du Tonquin, etc. avaient emprunté aux Chinois[2] et dont voici la liste : la première année du cycle
s'appelait *l'année de la souris;* la deuxième, *du bœuf;* la troisième, *du
tigre;* la quatrième, *du lièvre;* la cinquième, *du dragon;* la sixième, *du
serpent;* la septième, *du cheval;* la huitième, *du mouton;* la neuvième,
du singe; la dixième, *de la poule;* la onzième, *du chien;* et la douzième
enfin, *du porc*[3].

Les savantes recherches de MM. Reinaud, Fræhn et de Saulcy[4] ont
prouvé d'une manière positive que les figures zoologiques dont les
médailles des Mongols nous offrent la représentation sont des signes
conventionnels au moyen desquels les populations chinoises et tatares
désignaient les années lunaires du cycle duodénaire. Nous savons aussi

---

[1] Marsden, *Num. orient.* t. II, p. 507-516.

[2] D'Herbelot, *Bibl. orient.* Chardin, *Voy.
en Perse,* t. IV, p. 390 et suiv. Thunberg,
Voy. au Japon, t. II, p. 319; Hyde, *De
relig. vet. Pers.* p. 224.

[3] Brosset, *Hist. de la Géorg.* t. I, p. 486
et suiv. et notes.

[4] *Journ. asiat.* (1823), cf. Reinaud, *Exp.
de cinq méd. des rois du Bengale,* etc. Fræhn,
De Ilkh. num. Journ. asiat. (1842), cf. Saulcy,
Lettres sur la num. orient. VII, p. 116.

que cette manière de supputer les années au moyen d'une révolution duodénaire passa chez les Persans qui l'employaient aussi, concurremment avec l'ère de l'hégire. Les Russes en firent également usage sur leurs monnaies à l'époque qui suivit les invasions tatares, afin d'imiter le numéraire des dominateurs et de faire accepter le leur à titre de tribut[1]. Cependant beaucoup de médailles frappées dans les principales villes de la Perse à l'époque des Sofis, sans en excepter même celles qui furent fabriquées à Tiflis avec les noms des princes bagratides géorgiens, offrent des figures zoologiques tout à fait différentes de celles qui sont mentionnées dans la liste précédente, et qui semblent faire double emploi avec elles. Ainsi, on voit un poisson, un paon, un chameau, un porc-épic, un lion dévorant une gazelle, un aigle frappant de son bec un passereau, etc. toutes figures enfin qui n'ont rien de commun avec celles que les Chinois et les Tatars avaient adoptées pour désigner chacune des années de leur cycle duodénaire. Cette double nomenclature jette au premier abord la plus grande confusion dans l'esprit. Toutefois, en présence de textes qui donnent quelques éclaircissements sur la question, il est permis de conjecturer, avec quelque vraisemblance, que les Persans, qui avaient adopté le système de dater des Tatars, avaient modifié dans la suite les figures qui servaient à marquer chacune des années du cycle, et avaient donné à ces nouvelles représentations zoologiques un sens particulier dont la valeur nous échappe. Nous savons, par le témoignage des historiens persans contemporains de l'émission des monnaies qui nous occupent, que l'on se servait toujours en Perse, concurremment avec l'ère de l'hégire, du cycle duodénaire tatare; ainsi, dans la *Vie de Djendjis-khan*[2], dans l'*Histoire des Uzbeks*[3], dans l'introduction à la *Vie de Nadir-schah*, par Mirza Mehadi-khan Mazanderoun, que W. Jones traduisit, et dont les Géorgiens possèdent aussi une version dans leur langue, on voit que les Persans employaient les années du cycle duodénaire et celles de l'hégire correspondantes. Que peuvent donc signifier ces figures d'animaux

---

[1] Chaudoir, *Aperçu sur les monn. russes,* t. 1, p. 114, pl. II et suiv. pl. L et suiv.

[2] Éd. de Kazan, 1817.

[3] Éd. de M. Bérézine.

étrangères au cycle tatare et qui apparaissent sur les monnaies des
villes d'Érivan, d'Ispahan, de Tébriz, de Tiflis, etc.? C'est ce que des
recherches postérieures nous révèleront sans doute un jour. Cependant
un voyageur allemand, Adam OElschlæger, plus connu sous le nom
d'Olearius, explique ainsi la présence de ces figures sur le numéraire
persan : « Il y a cela de remarquable en Perse, dit Olearius, que
« chaque ville a sa monnaie particulière, qui n'a cours qu'au lieu où
« elle est faite et pour un an seul, au bout duquel on change la marque,
« qui est un cerf, un chevreuil, un bouc, un satyre (*sic*), un poisson,
« un serpent, ou toute autre chose semblable [1]. » Cette assertion du
voyageur allemand est loin d'être exacte, du moins en ce qui concerne
la démonétisation annuelle du numéraire et le changement périodique
de la marque monétaire, et nous avons tout lieu de croire qu'il aura
imparfaitement compris les renseignements qui lui furent donnés dans
le pays sur la signification des types zoologiques représentés sur les
monuments numismatiques. Il est évident pour nous que cette modifi-
cation annuelle de la marque spéciale à chaque ville de la Perse n'était
autre chose que le changement qui s'opérait dans la figure de l'animal
qui était représenté sur le numéraire, et dont la présence n'avait de
signification que pendant l'époque qu'elle servait à désigner dans la
série des années du cycle duodénaire. Il n'est donc pas étonnant dès lors
de voir, pour la même ville, plusieurs figures zoologiques différentes
représentées sur les monnaies dans un laps de douze années. Olivier,
qui voyagea en Orient dans les dernières années du xviiie siècle, parle
aussi, dans sa relation, des monnaies en question, et nous dit « qu'elles
« portaient d'un côté le nom de la ville et l'année où elles étaient fabri-
« quées, et de l'autre un lion prêt à dévorer une gazelle, quelquefois
« un paon, un porc-épic ou bien deux poissons [2]. » Quoi qu'il en soit
de ces différentes opinions, il ne faudrait pas conclure de tout ceci que
les Géorgiens employaient le cycle duodénaire parce que cette manière
de dater était en usage sur leurs monnaies. Nous avons déjà dit plus

[1] Olearius, *Voyage en Moscovie, Tartarie et Perse*, p. 388.

[2] Olivier, *Voyage dans l'Emp. Ottoman*, etc. t. III, p. 181.

haut que les pièces frappées à Tiflis, sous le contrôle des Persans, et sur lesquelles figurent les noms des princes bagratides, étaient des pièces du même genre que celles que l'on fabriquait dans plusieurs villes de l'empire de Perse. Il est donc probable que les ouvriers qui gravèrent les monnaies persano-géorgiennes de Tiflis ne comprenaient pas la valeur des figures zoologiques qu'ils reproduisaient d'après d'autres pièces du même genre, car les années du cycle tatare ne concordent point avec celles de l'hégire qui sont gravées au revers des monuments numismatiques.

La question que nous venons d'esquisser sort un peu de notre sujet, et elle s'applique plutôt au numéraire persan proprement dit qu'aux monnaies géorgiennes du même genre. Si nous n'entrons pas dans de plus grands détails à ce sujet, c'est parce que nous savons que M. Lerch, savant orientaliste russe, prépare en ce moment un mémoire sur le cycle mongol, et nous ne doutons pas que le travail qui sortira de sa plume ne vienne résoudre définitivement le curieux problème que la numismatique persane et géorgienne des derniers siècles offre à la sagacité des critiques.

II.

Bakar (Schah-Nawaz III) (1717-1724 + 1750).

Bakar, fils de Wakhtang VI (Houssein Qouli-khan), avait été associé au trône de la Géorgie par la volonté d'Houssein-schah, roi de Perse, et la Chronique de Sekhnia Tchkheidzé lui donne presque toujours le titre de roi[1]. Les règnes de Wakhtang VI et de Bakar se confondent dans l'histoire, et les événements qui s'accomplirent en Géorgie de 1717 à 1724 se rapportent à l'un aussi bien qu'à l'autre. Toutefois, on ne peut expliquer l'absence du nom de Wakhtang sur les pièces qui portent les noms de Suimon et de Bakar, puisque l'on trouve quelques années plus tard les deux noms de Theimouraz II et d'Éréclé II associés sur les monnaies qu'ils firent frapper à Tiflis. La Chronique de Sekhnia Tchkheidzé nous apprend que vers l'année 1722 Wakhtang et Bakar,

[1] Brosset, *Histoire de la Géorgie*, t. II, part. II, p. 33; cf. aussi la *Vie d'Iricli*, p. 303.

las de subir le joug de la Perse, recherchèrent l'alliance de la Russie
et entrèrent en relations avec le tzar Pierre le Grand[1]. Cette circonstance attira sur les deux princes géorgiens la colère du schah, qui les
obligea à quitter Tiflis, dont Costantiné (Mohammed Qouli-khan), fils
d'Éréclé I, roi du Cakheth, s'empara, du consentement de la Perse.
Cependant Bakar parvint à reprendre Tiflis; mais il ne put s'y main-
tenir, et passa en Russie (1724). Wakhtang mourut en 1737, et Bakar
en 1750, alors que le trône de la Géorgie était occupé par Theimouraz II.

58. ბკრ, pour ბაქარ. — *Bakar*, en caractères mkhédrouli. — Paon, la queue
éployée, passant à droite. Dans le champ, des points disposés trois et cinq. Filet au
pourtour.

R⁵. فلوس ضرب تفليس — *Fels frappé à Tiflis.* Filet au pourtour.

Cuivre. Une variété, avec la date ١١٣١ de l'hégire (1131 = 1718 à 1719 È. Chr.). —
Pl. VIII, n° 12.

Collection Barataïeff; cabinet de France (don Bartholomæi).

Barataïeff, part. IV, p. 1 et suiv. pl. I, nᵒˢ 1, 3.

59. ბკრ. — *Bakar.* — Paon, la queue éployée, et passant à gauche. Dans le
champ, des points disposés trois et six.

R⁵. ١١٣٠ فلوس ضرب تفليس — *Fels frappé à Tiflis,* 1130 (1717-1718 È. Chr.).
Filet et grènetis au pourtour.

Cuivre. — Pl. VIII, n° 13.
Collection Barataïeff.

Barataïeff, part. IV, p. 3, pl. I, n° 4.

Si le paon qui figure sur les monnaies de Bakar, et plus tard sur les
pièces émises par le tzaréwitch Dawith, fils de Giorgi XII, n'est pas une
variante du signe de la poule qui sert à désigner la dixième année du
cycle duodénaire tatare, on doit supposer que cette représentation devait avoir une signification symbolique en Perse et dans les contrées

[1] Wakhoucht, *Histoire du Karthli,* p. 154.

soumises à la domination des souverains musulmans de ce pays, car
on rencontre souvent sur les monuments exécutés par les artistes persans des ornementations figurant des arabesques et des feuillages au
milieu desquels on distingue des cartouches offrant la figure de l'oiseau
de Junon. Le cabinet des médailles de la Bibliothèque impériale pos-
sède une coupe persane en laiton, à pied, chargée de damasquinures
d'argent et portant sur le bord extérieur des vers du poëte Hafiz. La
panse, ornée d'arabesques, est surchargée de quatre médaillons où
figure le sujet, quatre fois répété, de deux paons enlacés de diverses
façons. M. Chabouillet, qui a décrit ce curieux monument de l'art persan, suppose qu'il fut exécuté au xv⁰ siècle de notre ère [1].

III.

Theimouraz II, fils d'Éréclé I⁰ʳ (1744-1762).

Depuis la retraite de Wakhtang VI et de Bakar en Russie et l'usurpation momentanée de Costantiné, le trône de Karthli resta sans
maître. Dans le Cakheth régnait Theimouraz II, gendre de Wakhtang VI
et frère de Costantiné, qui avait obtenu de Nadir-schah l'autorisation
de s'établir à Tiflis, mais sans pouvoir y prendre le titre de roi [2]. Sur ces
entrefaites, Nadir-schah était allé porter ses armes jusque dans l'Inde,
et il avait emmené avec lui Éréclé, fils de Theimouraz (1737), dont la
bravoure pendant cette expédition lui valut l'amitié du conquérant persan [3]. Quelques années après, les rapports de Theimouraz et de Nadir-
schah devinrent plus étroits, et les relations d'amitié augmentèrent
encore quand Nadir eut obtenu d'épouser la fille du prince géorgien.
A la suite de cette alliance, Nadir chargea Theimouraz de faire la
conquête du Kzan, et après cette expédition, qui fut couronnée d'un
plein succès (1743), il reçut du schah le titre de roi du Karthli, et son

---

[1] An. Chabouillet, *Catal. des camées et
pierres grav. de la Bibl. imp.* p. 548, n° 3193.

[2] Brosset, *Histoire de la Géorgie,* t. II,
p. 35; *Vie d'Iricli,* p. 303.

[3] Correspondance d'Éréclé pendant son
séjour dans l'Inde; cf. Brosset, *Histoire de
la Géorgie,* t. II, part. II, p. 354.

fils Éréclé celui de roi du Cakheth (1744)[1]. C'est à partir de cette époque que les rois de Géorgie cessèrent d'embrasser l'islamisme et que le royaume se releva de l'état d'abjection dans lequel la barbarie des Persans l'avait plongé pendant si longtemps. Une série d'heureuses expéditions contre les tribus du Caucase et de la steppe fit renaître en Géorgie les beaux temps de Dawith II et de Thamar, et rendit au pays son ancienne splendeur. En 1745, Theimouraz fut sacré par ordre du schah, selon l'antique coutume, et la religion chrétienne, naguère ébranlée sous la pression des sectaires de l'islam, se releva plus brillante que jamais. Cependant de grandes révolutions avaient éclaté en Perse à la mort de Nadir-schah; Theimouraz, mandé à Ispahan, y avait été retenu, et ce ne fut qu'après un séjour de plusieurs années à la cour du schah qu'il revint dans le Karthli (1749). L'année suivante, Theimouraz conquit l'Adherbeidjan, et il mourut en 1762[2], alors qu'il avait entrepris le voyage de Russie pour implorer le secours de l'impératrice Élisabeth contre les musulmans qui menaçaient d'envahir ses États. Son corps fut inhumé dans la grande église d'Astrakhan, à côté de celui de Wakhtang VI, son beau-père.

A. MONNAIES DE THEIMOURAZ II, SEUL.

60. الحمد لله رب العالمين — *Gloire à Dieu, maître de l'univers*, en trois lignes[3]. Grènetis, dans un double filet au pourtour.

R̸. ضرب تفليس ١١٦٦ — *Frappé à Tiflis, 1166*, en quatre lignes (1752-1753). —Dans un cartouche, en chef de la pièce : يا كريم — *Ô Dieu excellent!* Grènetis comme ci-dessus.

Argent (abbasi). — Pl. VIII, n° 15.
Cabinets de l'Ermitage et de France (don Bartholomæi).

Fræhn, *Num. Muh.* t. I; *Recensio*, p. 542, 6.

La Chronique de Papouna Orbélian parle des monnaies d'or et d'argent que Theimouraz et Éréclé firent frapper avec des vases d'or et

[1] Brosset, *Hist. de la G.* t. II, p. ii, p. 54.
[2] *Correspondance de Voltaire*, cf. Lettre de Catherine à Voltaire, du 8-14 janv. 1770.
[3] Cf. *Koran*, sour. I, verset 1.

d'argent tirés de leurs trésors, pour solder les troupes qu'ils réunis-
saient[1]. Le chroniqueur indique l'année 1752 comme étant celle de la
fabrication de ces monnaies; or l'année 1166 de l'hégire correspond à
l'année de l'ère chrétienne qui commença le 28 octobre 1752. Les
témoignages historiques se trouvent donc ici parfaitement d'accord avec
les monuments numismatiques.

———

61. თემურ pour თეიმურაზ. — *Theimouraz.* — Dans le champ, un tigre passant à
gauche, et des points disposés trois et un.

Rʹ. ١١٦٠ فلوس ضرب تغليس — *Fels frappé à Tiflis, 1160* (1747). — Grènetis
au pourtour.

Cuivre. Variétés sans la date et avec l'année ١١٦٠. — Pl. VIII, n° 14.
Collection Barataïeff et cabinet de France (don Bartholomæi).

Fræhn, *Recensio*, p. 542. — Barataïeff, part. IV, p. 5, pl. I, nᵒˢ 1, 2.

L'auteur des *Documents numismatiques* a décrit une pièce du même
prince, au revers de laquelle on voit une contre-marque portant la
lettre თ, *th*, initiale du nom de Theimouraz. (Barataïeff, part. IV,
p. 6, 7, pl. I, nᵒ 3.)

———

B. MONNAIES DE THEIMOURAZ II ET D'ÉRÉCLÉ.

62. Un faucon frappant un héron à coups de bec. Grènetis.

Rʹ.

خدا	*Les serviteurs*
بنده	*de Dieu,*
თ . ١١٦٦ . ჰ	*Theimouraz, 1166, Éréclé.*
ضرب	*Frappé à*
تفليس	*Tiflis.*

Grènetis au pourtour, dans un double filet.

Cuivre. Trois variétés, avec les dates 1165, 1167, 1168 de l'hég. (1751-1752 à 1754-
1755 È. Chr.). — Pl. VIII, n° 17.
Cabinets de l'Ermitage et de France (don Bartholomæi).

[1] Brosset, *Histoire de la Géorgie,* t. II, part. II, p. 169.

Marsden, *Num. orient.* t. II, p. 510. — *Journal asiatique* (1836), p. 33. — Brosset, *Note sur quelques monnaies géorgiennes du musée asiatique de l'Académie des sciences* (1837). — Barataïeff, part. IV, p. 7, 9, pl. I, n⁰ˢ 1, 4. — Dorn, *Suppl. ad Recens.* p. 392 et suiv.

Le type de cette monnaie n'a rien de commun avec les figures du cycle duodénaire dont nous avons déjà parlé, et fait allusion aux chasses au faucon qui, nous l'avons dit précédemment, étaient un des délassements favoris des rois de Géorgie à une époque plus ancienne. Nous avons déjà signalé sur certaines monnaies de Giorgi III la présence du faucon que le roi tient sur le poing, et nous avons remarqué à ce sujet que parmi les charges les plus importantes de la cour des souverains bagratides, il y avait celle du fauconnier, dont le nom figure souvent comme témoin à la fin des chartes royales. La chasse au faucon est encore en usage aujourd'hui parmi les princes géorgiens, et nous savons par le témoignage des voyageurs modernes dans la Transcaucasie que ce délassement est fort goûté dans le pays. On sait aussi que le faucon qui attaque le héron figure dans les ornements gravés sur beaucoup d'armures persanes et sur des ustensiles où cette représentation est plusieurs fois tracée avec art dans des guirlandes d'arabesques[1]. Au surplus, le type de l'oiseau de proie dévorant un passereau est gravé sur d'autres monnaies, et particulièrement sur des pièces anonymes des villes de la Perse; il suffit de citer les fels frappés à Hamadan, où l'on voit l'aigle s'apprêtant à déchirer une colombe[2].

On remarque sur quelques monnaies de Theimouraz et d'Éréclé une contre-marque avec la lettre ∞, *th*, initiale du nom de Theimouraz. M. le général de Bartholomæi, dans un de ses envois, nous a adressé un spécimen de cette curieuse variété.

IV.

Éréclé II (1762-1798).

Le règne d'Éréclé II est assurément la plus belle page de l'histoire

[1] Ad. de Beaumont, *Recueil de pl. pour les arts et l'industrie.* — [2] Marsden, t. II, p. 514, pl. 34, n° 677.

de la Géorgie au siècle dernier. Ce prince, par sa bravoure, avait conquis l'amitié de Nadir-schah qui, à la suite de ses campagnes dans
l'Inde, l'avait nommé roi du Cakheth. A la mort de Theimouraz II son
père, Éréclé réunit sur sa tête les deux couronnes du Karthli et du
Cakheth. Toujours heureux dans ses luttes contre les Lesghiens qui,
chaque année, descendaient des hauteurs du Daghestan pour piller
les contrées soumises à son autorité, Éréclé, grâce à l'appui de la Russie,
devint bien vite l'un des monarques les plus respectés de l'Asie[1]. Sa
réputation chevaleresque parvint même jusqu'en Europe, et le roi de
Prusse aimait à se comparer à lui : «Moi en Europe, disait le grand
«Frédéric, et l'invincible Hercule en Asie.» L'impératrice Catherine a
fait aussi l'éloge du courage d'Éréclé dans une lettre qu'elle adressa à
Voltaire[2], et l'histoire nous apprend que dès l'année 1769 la Russie
avait admis ce prince au nombre de ses alliés. Éréclé régnait non-seulement sur les États qu'il avait reçus en apanage de Nadir-schah et sur
ceux dont il avait hérité de son père, mais il avait encore soumis à ses
lois le khan d'Érivan, qui lui payait le tribut. En 1783, Éréclé, qui redou-
tait la domination des Persans, se plaça sous la protection de la Russie,
à l'exemple de ses prédécesseurs. L'impératrice Catherine l'autorisa à se
faire sacrer, après avoir toutefois exigé de lui qu'il prêterait serment
de soumission à la Russie[3]. Les historiens ne sont pas d'accord sur la
sincérité de la conduite d'Éréclé envers Catherine : les uns prétendent
que sa politique fut équivoque et qu'il aurait, à plusieurs reprises, essayé
de se dégager de l'alliance russe pour embrasser le parti de la Perse;
les autres, au contraire, affirment que la loyauté de son caractère lui
valut d'être considéré comme un des plus fidèles alliés de l'empire, et
nous savons en effet qu'en 1790 Éréclé repoussa les propositions que la
Perse lui fit d'abandonner le parti de la Russie, afin de ne pas violer le
serment qu'il avait prêté à l'impératrice. En mémoire de son dévouement, Catherine fit frapper une médaille sur laquelle on voit d'un côté
l'impératrice casquée et cuirassée, et de l'autre un socle où sont déposés

---

[1] Brosset, *Hist. de la Géorg.* t. II, part. II, p. 287. — [2] *Correspondance de Voltaire*,
Lettre de Catherine du 8-19 janvier 1770. — [3] Ukaze du 30 septembre 1783.

les insignes de la royauté, et un médaillon symbolique offrant l'image d'un volcan en éruption, traversé par deux flèches, avec cette inscription : Вѣрѣ и вѣрности, *Pour la foi et la fidélité*. Sur le ruban du médaillon, on lit cette devise : Царю Ираклю, 1783, *Au roi Éréclé, 1783* [1].

En 1794, Éréclé partagea ses domaines particuliers entre ses fils, et c'est à dater de ce partage, qui mit la division entre les fils du roi, que le trône de la Géorgie fut pour ainsi dire frappé de stérilité. En effet, Mohammed-khan, roi de Perse, profitant des troubles qui agitaient la Géorgie, marcha sur Tiflis pour se venger de l'alliance qu'Éréclé avait contractée avec la Russie, et s'en empara (1795) [2]. Éréclé y rentra cependant quelque temps après, pour être témoin des querelles que le partage de ses domaines avait occasionnées au sein de sa famille. Enfin, épuisé par l'âge et par les émotions, le vieux roi mourut le 12 janvier 1798, et fut enterré à Mtzkhétha, où l'on voit encore son tombeau [3].

A. MONNAIES D'ÉRÉCLÉ II, FRAPPÉES AU TYPE PERSAN.

63. الحمد لله رب العالمين — *Gloire à Dieu, maître de l'univers!* en quatre lignes. Grènetis dans un double filet au pourtour.

R′. ضرب تفليس.١١٨٤ — *Frappé à Tiflis, en 1184* (1770), dans un cercle surmonté d'un cartouche, où on lit : يا كريم — *Ô Dieu excellent!* — Points disposés en forme de croix et filet au pourtour.

Argent (double abbasi). Variétés avec les dates 1768 à 1775. — Pl. X, n° 3.
Cabinet de France (don Bartholomæi).

64. الحمد لله رب العالمين — *Gloire à Dieu, maître de l'univers!* en quatre lignes. Grènetis dans un double filet au pourtour.

[1] Собр. Русск. Мед, III° liv. pl. 38, n° 195, p. 52; *Reischel'che Sammlung*, p. 198; *Bulletin h.-ph.* t. IX, p. 35; Brosset, *Hist. mod. de la Géorg.* t. II, part. II, p. 259, note 1.
[2] Jean Onoskherdjian, *Mém. sur la prise de Tiflis,* dans Klaproth, *Mém. sur l'Asie,* t. I, p. 226; Brosset, *Mém. sur la Géorg.* 2° partie, § 6; Olivier, *Voyages,* t. III, p. 401.
[3] Brosset, *Rapports,* I, p. 23.

R̃. ضرب تغليس ١١٨٩ — *Frappé à Tiflis, en 1189* (1775), dans un encadrement surmonté d'un cartouche, où on lit : يا كريم — *Ô Dieu excellent !* et entouré d'un semis de grènetis, disposé en forme de triangle ∴ dans un double filet.

Argent (abbasi). — Pl. X, n° 4.
Cabinet de France (don Bartholomæi).

——

65. الحمد لله رب العالمين — *Gloire à Dieu, maître de l'univers !* en quatre lignes. Grènetis dans un double filet au pourtour.

R̃. ضرب تغليس — *Frappé à Tiflis*, dans un encadrement surmonté d'un cartouche, où on lit : يا كريم — *Ô Dieu excellent !* Grènetis comme ci-dessus.

Argent (abbasi). Variétés avec les dates 1182, 1183, 1184, 1189, 1190 à 1196, 1198, 1199, 1201 à 1203, 1205 à 1212. — Pl. VIII, n° 16.
Cabinets de l'Ermitage et de France (don Bartholomæi).

Fræhn, *Recensio*, p. 544. — Pietraszewsky, *Muh. numi*, § 45, Bagratides. — Marsden, *Num. or.* t. II, p. 494, pl. XXXII, n° 632.

——

66. الحمد لله رب العالمين — Grènetis dans un double filet.
R̃. ضرب تغليس ١١٨٧ — *Frappé à Tiflis, en 1187* (1773 È. Chr.). Guirlande de trèfles dans un double filet.

Argent (abbasi). Inédit. — Pl. IX, n° 1.
Cabinet de France (don Bartholomæi).

——

67. يا كريم, dans un encadrement. Filet.
R̃. ضرب تغليس ١١٨٤ — *Frappé à Tiflis, en 1184* (1770 È. Chr.). Grènetis dans un double filet.

Argent (chaouri). Variétés avec les dates 1185 (1771 È. Chr.), 1186 (1772), 1193 (1779), 1195 (1781). — Pl. IX, n° 2.
Cabinets de l'Ermitage et de France (don Bartholomæi).

Fræhn, *Recensio*, p. 544.

——

68. Poisson nageant entre deux ornements. Grènetis dans un double filet.
R̃. ᲗᲘᲤᲚᲘᲡᲘ — *Éréclé*, en caractères assomthawrouli liés. Dans le champ : ضرب تغليس ١١٩٠ — *Frappé à Tiflis, 1190* (1776 à 1777). Grènetis dans un double filet.

Cuivre. Deux variétés de module, avec les dates 1179, 1182, 1183, 1184, 1189, 1190 à 1199, 1201, 1204, 1206 hég. — Pl. IX, n° 3, et pl. X, n° 5.
Collection Barataïeff et cabinet de France (don Bartholomæi).

Fræhn, *Recensio*, p. 542. — Barataïeff, part. IV, p. 12, 13, pl. II, n°ˢ 3, 4. — Dorn, *Suppl. ad Recens.* p. 392.

B. MONNAIES D'ÉRÉCLÉ II, FRAPPÉES AU TYPE RUSSE.

69. Le globe crucigère, surmonté d'une couronne royale et d'une balance. A droite et à gauche, deux glaives.

℞. ᲗᲰᲠᲥᲚᲔᲡ. — *Éréclé*, dans un encadrement. Dans le champ, deux étoiles. A l'exergue : ۱۱۷... ضرب تفلیس — *Frappé à Tiflis, en 117...*

Cuivre. Deux variétés, sans la date et avec des contre-marques portant le nom d'Éréclé. — Pl. IX, n° 4.
Collection Barataïeff et cabinet de France (don Bartholomæi).

Barataïeff, part. IV, p. 10, 11, pl. II, n°ˢ 1, 2.

Cette pièce offre le premier exemple de l'emploi du blason sur les monuments numismatiques de la Géorgie, et par conséquent la première tentative faite à la monnaie de Tiflis pour mettre le numéraire national en harmonie de type avec celui des Occidentaux, et particulièrement des Russes, voisins et alliés des Géorgiens. En effet, le globe crucigère est une des pièces principales du blason des rois de Géorgie. Cette pièce fait partie, avec d'autres encore, comme la harpe, la fronde et le sceptre, des armoiries royales de Géorgie, dont on a donné la figure sur les exemplaires de la Bible imprimée à Moskou en 1743, sous la direction du roi Wakhtang VI[1]. Un sceau d'Éréclé II, décrit par M. Brosset, porte les mêmes attributs que ceux qui figurent sur la Bible géorgienne de Moskou : « La couronne royale surmonte un écu divisé en quatre quartiers : au premier, un globe ; au second, la harpe ; au troisième, la fronde ; au quatrième, le sceptre, et, brochant sur le tout, « saint Georges terrassant le dragon[2]. » Saint Georges, qui figure dans cet

----

[1] Journ. asiat. (1828), *Notice sur la Bible géorg.* par M. Brosset; *Chron. géorg.* texte autogr. fol. IV.

[2] Brosset, *Histoire de la Géorgie*, t. II, part. II, p. 537.

écu, est non-seulement un emprunt fait au blason de la Russie, mais c'est aussi pour la Géorgie une arme parlante. Déjà à une époque antérieure et par suite d'un jeu de mots dont le moyen âge fournit tant d'exemples, saint Georges passait pour le patron de la Géorgie, ainsi que l'atteste Gauthier de Metz, auteur du roman de la Mappemonde :

> Celle gent sont boin crestien,
> Et ont à nom Georgien,
> Car S. George crient toujours,
> En battaille et ès estours
> Contre païen ; et si l'auroent
> Sur tous autres et l'honnourent.

---

70. L'aigle à deux têtes, tenant un sceptre de la serre droite et un globe crucigère de la gauche. A l'exergue, 1781. Grènetis dans un double filet.

℞. ႨჂႨჄჂႡჂ. — *Éréclé*, en caractères assomthawrouli liés. Dans le champ : ضرب تفليس ١٢٠٢ — *Frappé à Tiflis*, 1202. Grènetis dans un double filet.

Cuivre. Plusieurs variétés, avec les dates 1201 hég. et 1781 È. Chr. 1201 et 1787, 1203 et 1788, 1201 et 1789, 1201 et 1790, enfin 1791 à 1796, et contre-marquées d'Éréclé. — Pl. IX, n° 5.

Cabinets de l'Ermitage et de France (don Bartholomæi).

Fræhn, *Recensio*, p. 542. — Barataïeff, part. IV, p. 14, pl. II, n°ˢ 5, 6, 9, 10. — Chaudoir, *Aperçu sur les monnaies russes*, p. 194, 195, n°ˢ 2009-2013. — Pietraszewsky, *Muh. numi*, S 45, Bagratides.

Les dates de l'hégire et celles de l'ère chrétienne ne concordent point sur les exemplaires des monnaies que nous venons de signaler et qui existent en grand nombre dans les collections russes. Il est probable que les graveurs des monnaies, vraisemblablement appelés de la Russie, ne comprenaient pas le sens des légendes et des millésimes arabes, et avaient servilement copié des types plus anciens sans se préoccuper de la valeur des chiffres.

La présence de l'aigle à deux têtes sur le numéraire d'Éréclé est pour nous une preuve matérielle de l'influence que la Russie exerça en Géorgie sous le règne de ce prince, et appuie les témoignages que les chroniqueurs nationaux nous fournissent à cet égard et que nous avons résumés dans la notice sur le roi Éréclé II.

———

71. L'aigle à une tête, tenant un globe crucigère de la serre droite et un sceptre de la gauche. A l'exergue, 1796. Grènetis dans un double filet.

R̶. ضرب تفليس سنة ۱۲۰۳ — *Frappé à Tiflis, l'an 1203.* — Dans un cartouche, en chef de la pièce : يا كريم — *Ô Dieu excellent !* Grènetis dans un double filet.

Or. Une variété, avec les dates 1211 et 1796. — Pl. IX, n° 7.

Musée asiatique de l'Académie impériale des sciences de Saint-Pétersbourg et collection du prince Gagarin, à Saint-Pétersbourg.

Fræhn, *Recensio*, p. 671. — Brosset, *Monographie des monnaies arméniennes* (*Bulletin de l'Acad. des sciences de Saint-Pétersbourg*, t. VI, p. 35, § 1).

Éréclé est très-probablement le seul souverain de la Géorgie qui, ayant secoué le joug de la Perse, ait fait frapper des monnaies d'or. Ces pièces sont au surplus mentionnées dans une lettre adressée en 1772 par Zaal Orbélian au célèbre Guldenstädt, et publiée par M. Brosset, qui l'a trouvée dans la correspondance du savant voyageur conservée parmi les manuscrits de la Bibliothèque impériale de Saint-Pétersbourg[1]. Voici le passage : « Quand vous étiez ici (en Géorgie), vous avez tâté le « pouls à Salomé, sœur de l'éristhaw .... mais bien que ce soit une « impolitesse, elle vous offre deux pièces d'or d'ici. » Les mots *pièces d'or d'ici* ne peuvent s'entendre que des monnaies d'Éréclé, car s'il se fût agi de monnaies russes, nul doute que Zaal Orbélian n'eût employé les mots *ducat* ou *impérial* qui étaient, à cette époque, les dénominations particulières au numéraire d'or de la Russie.

———

72. L'aigle à une tête, tenant un globe crucigère de la serre droite et un sceptre de la gauche. A l'exergue, 1796. Grènetis dans un double filet.

R̶. ՊՋԲՊԿՊԲՊ. — *Éréclé.* — Dans le champ : ضرب تفليس ۱۲۰۱ — *Frappé à Tiflis, 1201.* Grènetis dans un double filet.

———

[1] Brosset, *Hist. de la Géorgie*, t. II, part. II, p. 385.

Cuivre. Une variété, avec les dates 1203 et 1796, et une autre avec la contre-marque d'Éréclé. — Pl. IX, n° 6.

Musée asiatique et cabinet de France (don Bartholomæi).

Barataïeff, part. IV, p. 14, 15, pl. II, n°ˢ 7, 8. — Chaudoir, p. 195, pl. II, n° 42, f. 2, n° 2014.

V.

Giorgi XII (1798-1800).

Le roi Giorgi, monté sur le trône le 14 janvier 1798, eut à réprimer presque aussitôt son avénement les incursions des Lesghiens et à combattre les Turks en garnison à Kars, qui menaçaient son royaume d'une invasion. En 1799, il sollicita et obtint la protection de l'empereur Paul, et se fit couronner après avoir prêté le serment de fidélité à la Russie. Une armée persane ayant été envoyée contre lui par Feth-Ali-schah, Giorgi appela à son secours les régiments russes cantonnés dans le Caucase. Le 28 décembre de l'année suivante, Giorgi XII mourut à Tiflis et fut enterré à Mtzkhétha, à côté de son père Éréclé.

———

73. الحـمـد لله رب العـالـمـيـن — *Gloire à Dieu, maître de l'univers!* en quatre lignes. Grènetis.

R̃. ضرب تغليس ١٢١٣ — *Frappé à Tiflis*, 1213 (1798), dans un encadrement surmonté d'un cartouche, où on lit : يا كريم — *Ô Dieu excellent!* Grènetis dans un double filet.

Argent (abbasi). — Pl. X, n° 6.
Cabinet de France (don Bartholomæi).

———

74. Dans un cartouche : يا كريم — Filet au pourtour.
R̃. ضرب تغليس ١٢١٣ — *Frappé à Tiflis*, 1213 (1798). Grènetis dans un double filet.

Argent (chaouri). Variétés avec les dates 1214 (1799) et 1215 (1800). — Pl. IX, n° 8.
Cabinet de France (don Bartholomæi).

———

75. Poisson nageant entre deux ornements.

R/. ႢႨႭႰႢႨ. — *Giorgi*, en caractères assomthawrouli liés. Dans le champ : ١٢١٣ ضرب تفليس — *Frappé à Tiflis*, *1213* (1798). Grènetis dans un double filet.

Cuivre. Une variété, avec la date 1215 (1800). — Pl. IX, n° 9.
Collection Barataïeff et cabinet de France (don Bartholomæi).

Fræhn, *Recensio*, p. 542. — Barataïeff, part. IV, p. 17, 18, pl. II, n°s 11, 12. — Dorn, *Suppl. ad Recens.* p. 392.

VI.

Le tzaréwitch Dawith (1800-1801).

A la mort de Giorgi XII, de grandes contestations s'élevèrent entre les princes de la famille royale qui se disputaient le pouvoir. Le tzaréwitch Dawith, qui était au service de l'empire et occupait un grade élevé dans l'armée, prit en main les rênes du gouvernement comme régent du royaume. Cependant l'empereur Paul, en vertu des traités qu'il avait passés avec le feu roi, déclara par un manifeste en date du 18 janvier 1801 que son armée entrerait en Géorgie, et le 15 septembre de la même année, l'empereur Alexandre Ier, par un second manifeste, décréta l'annexion de ce pays à l'empire. Le général Knorring fut chargé de recevoir le serment de fidélité des principaux mthawars et de donner à toute la contrée une organisation en rapport avec le nouvel état de choses. Dawith mourut en 1819, et fut enterré au monastère de Saint-Alexandre Newsky à Saint-Pétersbourg.

A partir du moment où la Géorgie fut incorporée à la Russie, des généraux commandant en chef, qui portent le titre de Lieutenants de l'Empereur, sont placés à la tête du gouvernement de toutes les contrées caucasiennes. C'est le maréchal prince Baryatinsky, le vainqueur de Schamyl, le pacificateur du Caucase, qui préside aujourd'hui aux destinées de la Géorgie.

---

76. Un paon, la queue éployée, passant à gauche. A l'exergue, ١٢١٥. Grènetis dans un double filet.

R/. ტფლს. — *Tiflis*, en caractères mkhédrouli, dans un semé de grènetis, entouré de deux filets.

Cuivre, grand module. — Pl. IX, n° 10.

Collection Barataïeff.

Barataïeff, part. IV, p. 3, 4, pl. II, n° 13.

L'auteur des *Documents numismatiques* a attribué à tort cette curieuse monnaie à Bakar, dont nous avons décrit précédemment les médailles ; mais la date 1215 de l'hégire, qui correspond à l'année 1800 de notre ère, et l'absence d'un nom de souverain prouvent surabondamment que la pièce en question a été frappée entre la mort de Giorgi XII et le manifeste de l'empereur Alexandre. Au surplus cette pièce a beaucoup de rapports avec les monnaies frappées à Tiflis, à partir de l'année 1804, par ordre du gouvernement russe, et l'on verra plus loin que le nom de Tiflis remplaça sur le numéraire russo-géorgien le chiffre royal qui figure sur presque toutes les monnaies frappées depuis la régence de Suimon jusques et y compris le règne de Giorgi XII.

APPENDICE.

———

Quand la Géorgie eut été annexée à l'empire, l'empereur Alexandre Ier ordonna, par un ukaze du 26 août 1802, d'établir un hôtel des monnaies à Tiflis, et, par un second ukaze, daté du 21 octobre de la même année, d'y frapper des monnaies d'argent et de cuivre, conformes pour la valeur à celles qui étaient en usage en Géorgie[1]. Cet hôtel des monnaies fut ouvert le 15-27 septembre 1804, ainsi que le témoigne une médaille frappée pour en consacrer le souvenir (pl. IX, n° 11), et dont nous empruntons la figure à l'ouvrage du prince Barataïeff[2].

———

77. ПОХИЩЕННОЕ ВОЗВРАЩАЕТЪ. — *Il restitue ce qui fut ravi.* — L'aigle à deux têtes, portant suspendu au cou un écusson dans lequel se trouve le chiffre de l'empereur Alexandre Ier, Ꙗ, et planant dans les airs. Il enlève dans ses serres la Toison d'Or, qu'il tient suspendue au-dessus d'une sphère dont on n'aperçoit que la partie supérieure, sur laquelle on lit les mots : ИВЕРІЯ, КОЛХИД. — *Ibérie, Colchide.* — Dans le champ, la constellation de la Grande-Ourse.

R'.   ТИФЛИСКОЙ   *Hôtel des monnaies,*
         МОНЕТН. ДВОРЪ   *ouvert*
         О ТКРЫТЪ   *à Tiflis,*
         15. СЕНТЯБРЯ   *le 15 septembre*
         1804.   *1804.*

[1] Chaudoir, *Aperçu sur les monn. russes,* c. VI, p. 194.

[2] *Documents numismatiques;* part. IV, p. 19, pl.; Собрап. Русск. Мед. IVe livr. n° 262;

Bulletin de l'Académie des sciences de Saint-Pétersbourg, t. IX, p. 33 et suiv. Brosset, *Sur une méd. histor.* etc.

17

Cet hôtel des monnaies fonctionna sans interruption pendant vingt-huit ans, et même un peu au delà. Il fut supprimé par un ukaze du 1ᵉʳ juin 1832, signé de l'empereur Nicolas. Toutefois, dans le tableau de la quantité des monnaies frappées à Tiflis, il est dit qu'on continua pendant un an encore la fabrication des double abazes, probablement avec le reste de l'argent préparé pour la confection de ces monnaies. Il paraît même aussi que l'on frappa, après la promulgation de l'ukaze impérial, des abazes (abbasi) et des demi-abazes qui sont, à ce que l'on suppose, compris dans la somme des doubles abazes indiqués dans le tableau[1]. On a tout lieu de croire que la suppression de l'hôtel des monnaies de Tiflis fut motivée par l'altération que les Persans et les Turcs faisaient subir aux abazes et à leurs fractions, altération rendue d'autant plus facile, que le cordon de ces pièces affectait souvent une forme assez irrégulière. Le gouvernement russe, qui fait fabriquer une monnaie uniforme pour toutes les provinces de l'empire indistinctement, a considérablement réduit le nombre de ces monnaies, en les faisant retirer de la circulation au fur et à mesure de leur rentrée dans les caisses de l'État.

Les ukazes relatifs à la fabrication des monnaies que le gouvernement russe ordonna de frapper à Tiflis nous donnent l'assurance que, dans l'hôtel de cette ville, on ne frappa jamais de monnaies d'or. Conformément à la teneur de l'ukaze du 21 octobre 1802, on émit des abazes doubles, de la valeur de quarante kopeks, des abazes simples, de vingt kopeks, et des demi-abazès, de dix kopeks, en argent[2], et des monnaies de cuivre dont nous allons parler plus bas. Le titre des monnaies d'argent devait être fixé d'après celui des monnaies en usage en Géorgie, et par conséquent au titre très-élevé de quatre-vingt-huit zolotniks (золотникъ). Les doubles abazes pèsent environ 1 45/96 zolotniks, et les autres à proportion[3].

Quant aux monnaies de cuivre, elles sont de trois sortes : les grocheviki, les kopeks et les deniejki. Il paraît que la fabrication de ces

---

[1] Chaudoir, *Aperçu sur les monnaies russes*, c. VI, p. 181. — [2] Brosset, *Introduction à l'Histoire de la Géorgie*, p. CLXXXVI et suiv. — [3] Chaudoir, *op. cit.* c. VI, p. 176.

monnaies fut plusieurs fois interrompue, et même qu'elle cessa tout à fait en 1810. Le type des monnaies de cuivre est indistinctement le même que celui des pièces d'argent, sauf la dénomination de la valeur propre à chaque pièce [1].

Les monnaies d'argent et de cuivre russo-géorgiennes offrent à l'exergue les initiales des graveurs russes qui travaillèrent à leur fabrication, depuis l'année 1805 jusqu'en 1833.

П. З. Pierre Zaïlzoff, de 1805 à 1808. — A. K.?... de 1809 à 1824. — A. T. A. Trifonoff, de 1813 à 1832. — B. K.?... de 1832 à 1833.

Les monnaies d'argent frappées par le gouvernement russe à Tiflis portaient le nom de თეთრი, *blancs;* elles étaient de trois sortes : la pièce de quatre cents blancs, celle de deux cents et celle de cent.

Les monnaies de cuivre étaient désignées sous le nom de ფული, *phouli;* il y avait des pièces de vingt, de dix et de cinq phouli.

---

78. ტფილისი. — *Tiflis,* dans le champ, en caractères mkhédrouli; au-dessus, une couronne murale; au-dessous, une palme et une branche d'olivier en sautoir.

R'.

ე	400
ქართული	*blancs*
თეთრი	*géorgiens.*
წელ	*1809.*
A. K.	*A. K.*

Argent. Double abaze. — Pl. IX, n° 12.
Cabinet de France (don Bartholomæi).

Brosset, *Journal asiatique* (1835), pl. fig. 1. — Fræhn, *Die Münzen der Chane des Ulus. dschat.* p. 421, n° 1, fig. 1. — Chaudoir, *Monnaies russes,* c. vi, p. 176, pl. II, n° 48, f. 4, et 2° part. p. 224-226, n° 2466-2486; p. 243, n° 2790-2797.

On a frappé des doubles abazes depuis 1804 jusqu'à et y compris l'année 1833.

[1] Chaudoir, *op. cit.* c. vi, p. 194.

---

79. Mêmes légende et type.

R⁀.   ხ   200
                        ქართული   *blancs*
                        თეთრი   *géorgiens.*
                        ჩყე   *1805.*
                        п. 3.   *P. Zaïlzoff.*

Argent. Abaze. — Pl. IX, n° 13.
Cabinet de France (don Bartholomæi).

Brosset, *loc. cit.* fig. 2. — Chaudoir, *loc. cit.* n°ˢ 2487-2507, 2798-2799.

Les abazes, d'après le rapport de la monnaie de Tiflis, furent frappés depuis 1804 jusqu'en 1832.

80. Mêmes légende et type.

R⁀.   ნ   100
                        ქართული   *blancs*
                        თეთრი   *géorgiens.*
                        ჩყე   *1805.*
                        II. 3.   *P. Zaïlzoff.*

Argent. Demi-abaze. — Pl. IX, n° 14.
Cabinet de France (don Bartholomæi).

Brosset, *loc. cit.* fig. 3. — Chaudoir, *loc. cit.* n°ˢ 2508-2520, 2800-2806.

Même durée de frappe que les précédents.

B. MONNAIES DE CUIVRE.

81. Mêmes légende et type.

R⁀.   ჳ   20
                        ქართული   *phouli*
                        ფული   *géorgiens.*
                        ჩყი   *1810.*

Cuivre. Pièce de deux kopeks. — Pl. IX, n° 15.
Cabinet de France (don Bartholomæi).

Brosset, *loc. cit.* n° 4. — Chaudoir, *loc. cit.* n°ˢ 2521-2524.

Les grocheviki furent frappés seulement de l'an 1804 à l'an 1810.

82. Mêmes légende et type.

R⸍.

ႰჅႠ	10
ქართული	phouli
ული	géorgiens.
წელი	1810.

Cuivre. Pièce de un kopek. — Pl. IX, n° 16.

Brosset, *loc. cit.* n° 5. — Chaudoir, *loc. cit.* n°° 2525-2529.

---

83. Mêmes légende et type.

R⸍.

ჳ	5
ქართული	phouli
ული	géorgiens.
წეჳ	1805.

Cuivre. Denga ou demi-kopek. — Pl. IX, n° 17.

Brosset, *loc. cit.* n° 6. — Chaudoir, *loc. cit.* n°° 2530-2531.

La fabrication des pièces de dix et de cinq phouli cessa en 1810.

Le travail que nous venons de publier embrasse la description complète des monnaies frappées en Géorgie par les dynastes nationaux, depuis les premiers siècles de notre ère jusqu'à l'annexion du royaume aux possessions de l'empire de Russie. Cet ensemble constitue l'une des plus importantes séries de la numismatique orientale. Quoique, depuis longtemps déjà, les savants aient mentionné à différentes reprises les monnaies géorgiennes, ce n'est que depuis quelques années seulement que leur étude est devenue l'objet d'un examen attentif. Il est vrai que les travaux récents entrepris en Russie sur les diverses séries de monnaies frappées en Asie à toutes les époques ont été surtout inspirés par la bienveillante sollicitude que le Lieutenant de l'Empereur au Caucase, S. Exc. M. le maréchal prince Baryatinsky, apporte à toutes les questions qui intéressent l'histoire et les antiquités des peuples placés sous son autorité. Non-seulement le prince honore de son haut patronage les savants qui se livrent à des recherches sérieuses et utiles, mais encore il récompense largement les gens du pays qu'un heureux hasard met sur la trace d'un enfouissement de médailles. Ainsi, c'est grâce à lui que des milliers de pièces d'une excessive rareté, échappées au creuset des fondeurs, sont venues augmenter les suites numismatiques des musées de l'empire, et enrichir les collections déjà si complètes de l'Ermitage, de l'Académie impériale des sciences et de l'Institut asiatique. Le prince a du reste trouvé des auxiliaires zélés parmi les savants et les officiers attachés à sa personne; le général de Bartholomæi, entre autres, a prêté au Lieutenant de l'Empereur un concours efficace. Appelé par l'Académie impériale des sciences de Saint-Pétersbourg à prendre part aux travaux de cette docte compagnie, l'illustre orientaliste a fait faire aux études archéologiques et numismatiques de notables progrès, et ses découvertes, dont chaque jour les publications académiques enregistrent les résultats, ont eu en Europe un grand retentissement. C'est encore le général de Bartholomæi qui a bien voulu, à notre prière, faire don au département des médailles de la Bibliothèque impériale de Paris d'une suite nombreuse de monnaies géorgiennes qu'il avait formée à Tiflis à notre intention, et qui est venue si heureusement combler une lacune importante dans la section orientale du Cabinet de France[1].

[1] *Moniteur universel* du 9 septembre 1860.

TABLE DES MATIÈRES.

TABLE DES PLANCHES.

PLANCHE V.

PLANCHE VI.

PLANCHE VII.

PLANCHE VIII.

PLANCHE IX.

PLANCHE X.

MAJUSCULES (ASOMTAVROULI)	MINUSCULES (MKHÉDROULI)	VALEUR des LETTRES.	VALEUR NUMÉRIQUE.	VI° SIÈCLE. MAJUSCULES.	X° ET XI° SIÈCLES. MAJUSCULES.	XII° SIÈCLE. MAJUSCULES.	XII° SIÈCLE. MINUSCULES.	XIII° SIÈCLE. MAJUSCULES.	XIII° SIÈCLE. MINUSCULES.	XV° SIÈCLE. MAJUSCULES.	XVIII° SIÈCLE. MAJUSCULES.	XVIII° SIÈCLE. MINUSCULES.	XIX° SIÈCLE. MINUSCULES.
[glyph]	[glyph]	A.	1	[glyph]	[glyph]			[glyph]					[glyph]
[glyph]	[glyph]	B.	2		[glyph]							[glyph]	[glyph]
[glyph]	[glyph]	G dur.	3	[glyph]	[glyph]	[glyph]	[glyph]	[glyph]			[glyph]		[glyph]
[glyph]	[glyph]	D.	4		[glyph]	[glyph]		[glyph]					[glyph]
[glyph]	[glyph]	E.	5	[glyph]	[glyph]			[glyph]		[glyph]	[glyph]	[glyph]	[glyph]
[glyph]	[glyph]	W.	6	[glyph]				[glyph]					[glyph]
[glyph]	[glyph]	Z.	7		[glyph]			[glyph]					[glyph]
[glyph]	[glyph]	Ê.	8										[glyph]
[glyph]	[glyph]	Th.	9					[glyph]	[glyph]	[glyph]		[glyph]	[glyph]
[glyph]	[glyph]	I.	10		[glyph]		[glyph]	[glyph]		[glyph]			[glyph]
[glyph]	[glyph]	C dur.	20		[glyph]			[glyph]		[glyph]	[glyph]		[glyph]
[glyph]	[glyph]	L.	30		[glyph]			[glyph]			[glyph]	[glyph]	[glyph]
[glyph]	[glyph]	M.	40		[glyph]			[glyph]	[glyph]	[glyph]		[glyph]	[glyph]
[glyph]	[glyph]	N.	50	[glyph]	[glyph]			[glyph]		[glyph]		[glyph]	[glyph]
[glyph]	[glyph]	Io.	60										
[glyph]	[glyph]	O.	70	[glyph]	[glyph]			[glyph]			[glyph]		[glyph]
[glyph]	[glyph]	P.	80		[glyph]								
[glyph]	[glyph]	J.	90			[glyph]							[glyph]
[glyph]	[glyph]	R dur.	100		[glyph]			[glyph]	[glyph]	[glyph]	[glyph]	[glyph]	[glyph]
[glyph]	[glyph]	S dur.	200	[glyph]	[glyph]			[glyph]		[glyph]		[glyph]	[glyph]
[glyph]	[glyph]	T.	300	[glyph]	[glyph]	[glyph]				[glyph]		[glyph]	[glyph]
[glyph]	[glyph]	Oa.	400	[glyph]									[glyph]
[glyph]	[glyph]	Vis.						[glyph]					
[glyph]	[glyph]	Ph.	500	[glyph]	[glyph]			[glyph]		[glyph]		[glyph]	[glyph]
[glyph]	[glyph]	K.	600		[glyph]	[glyph]		[glyph]		[glyph]		[glyph]	[glyph]
[glyph]	[glyph]	G dur.	700		[glyph]			[glyph]					
[glyph]	[glyph]	Q.	800										[glyph]
[glyph]	[glyph]	Ch.	900		[glyph]								
[glyph]	[glyph]	Tch.	1,000										[glyph]
[glyph]	[glyph]	Ths.	2,000					[glyph]					
[glyph]	[glyph]	Dz.	3,000										
[glyph]	[glyph]	Tz.	4,000										
[glyph]	[glyph]	Dch.	5,000					[glyph]					
[glyph]	[glyph]	Kh.	6,000		[glyph]			[glyph]					
[glyph]	[glyph]	H'.	7,000										
[glyph]	[glyph]	Dj.	8,000	[glyph]				[glyph]					
[glyph]	[glyph]	Hh'.	9,000										
[glyph]	[glyph]	Ho.	10,000										

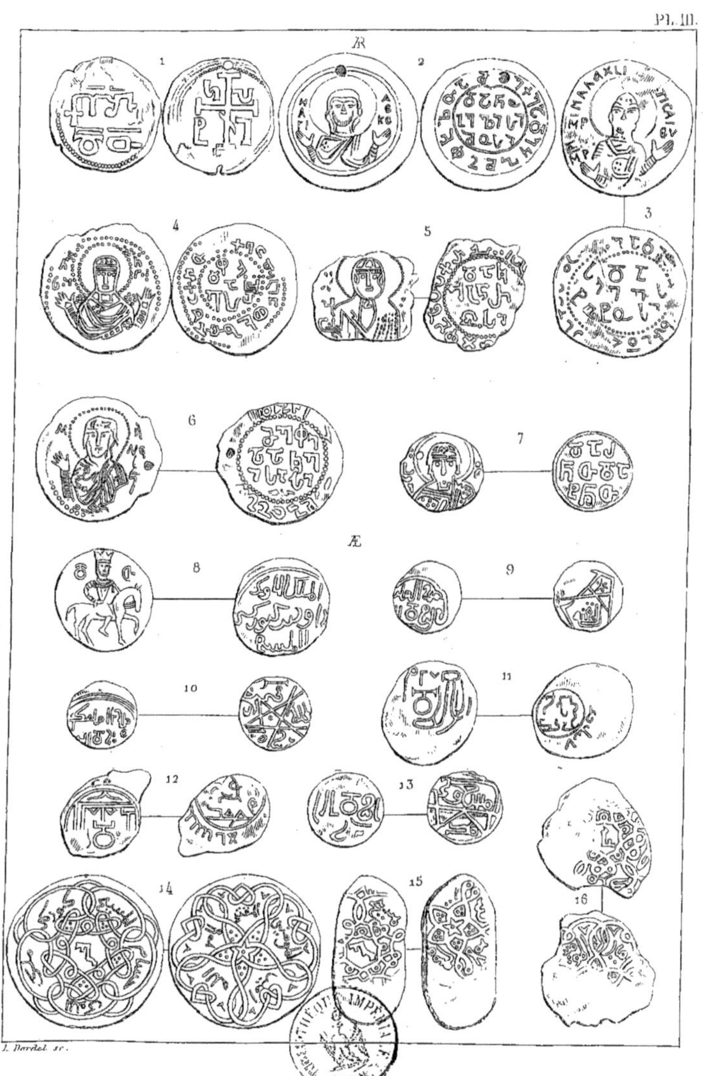

Æ
Æ
1
2
3
4
5
6
7
8
9
10
11
12
13
14
15
16
J. Dardel sc.

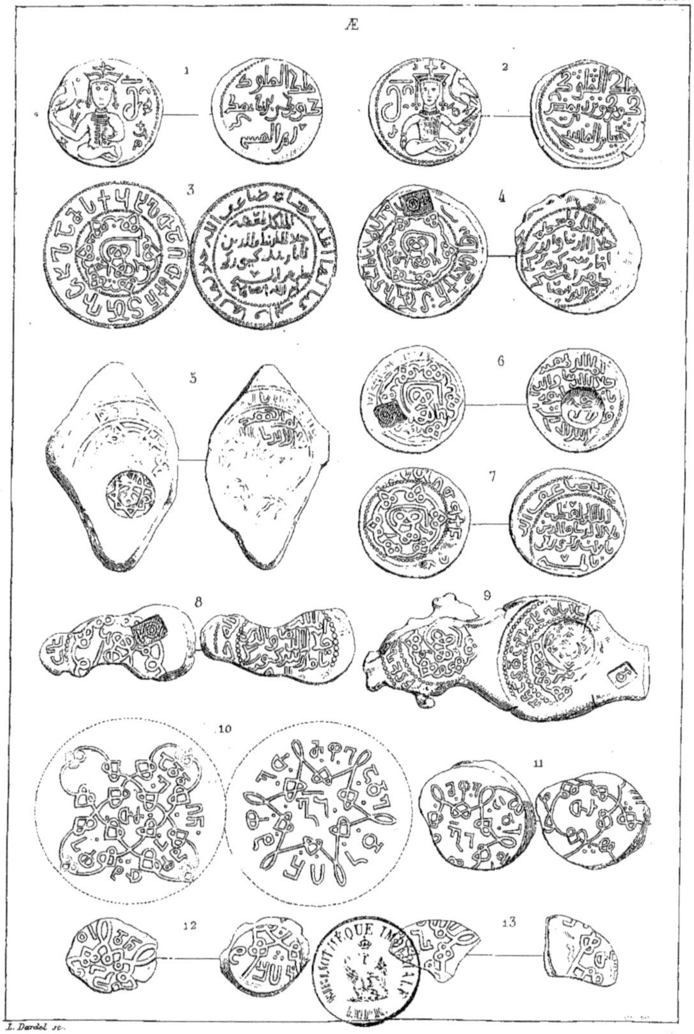

Æ
1
2
3
4
5
6
7
8
9
10
11
12
13

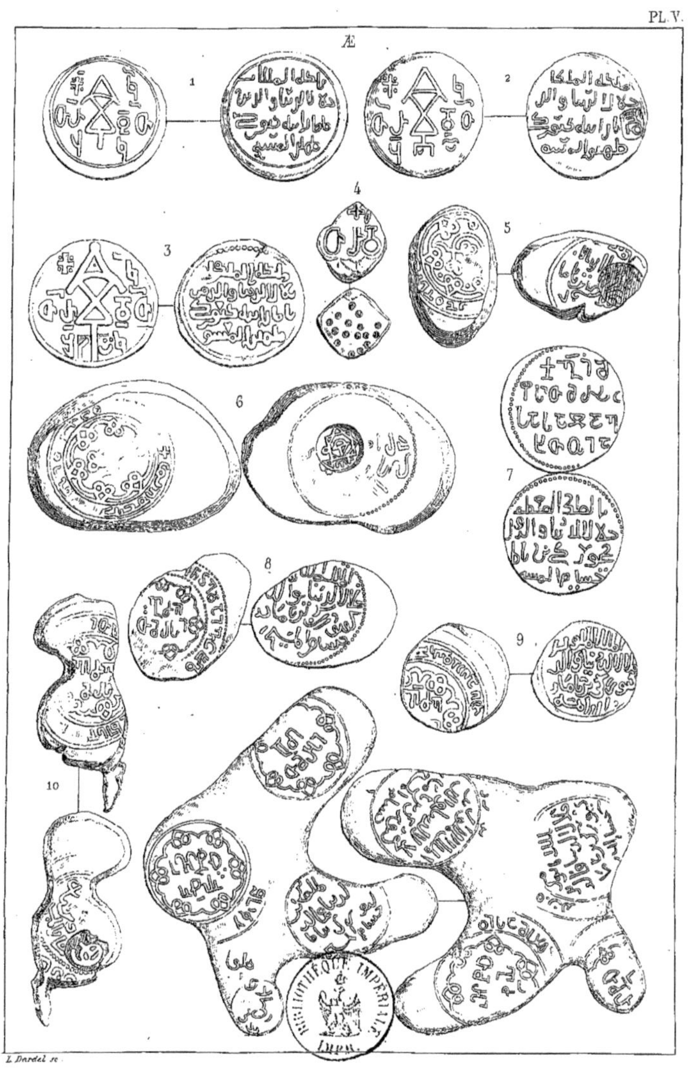

L. Dardel sc.

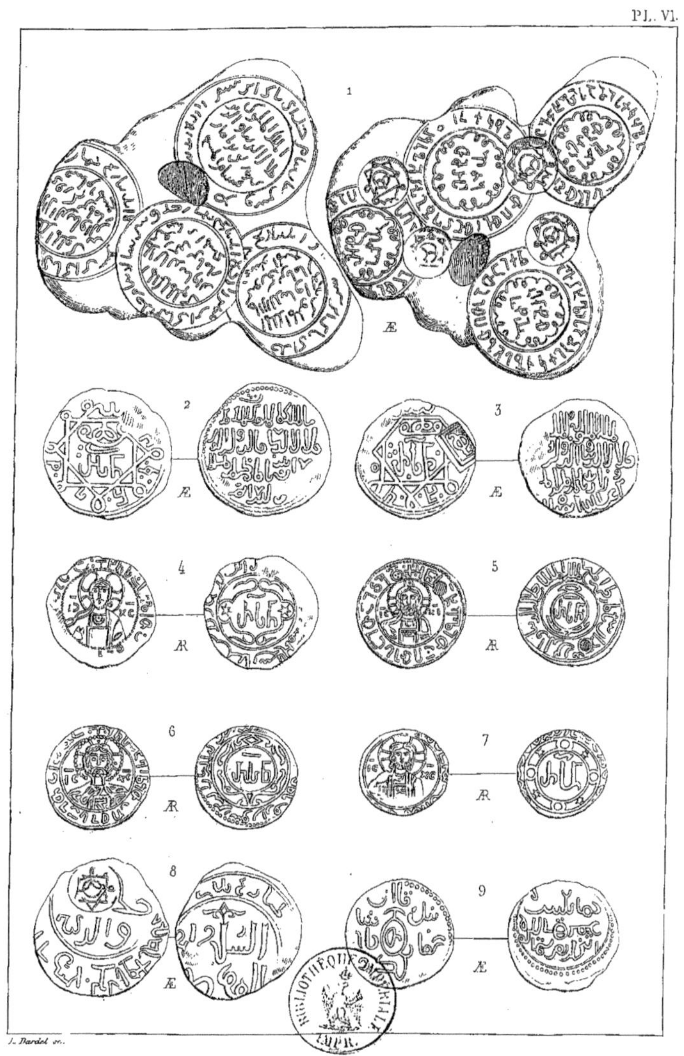

J. Dardel sc.

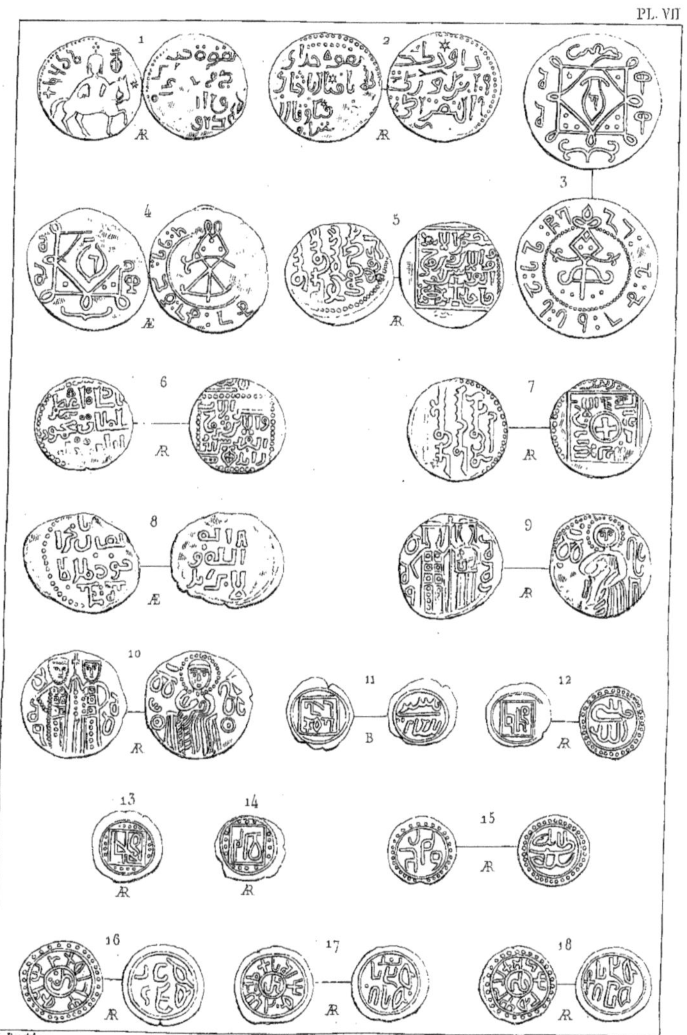

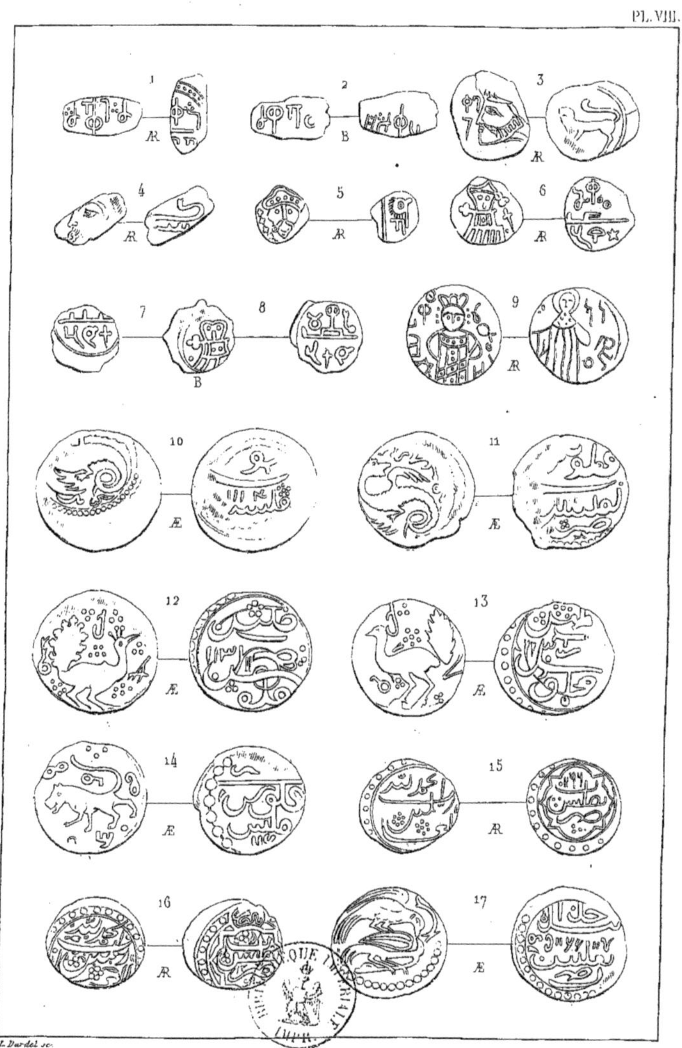

L. Dardel sc.

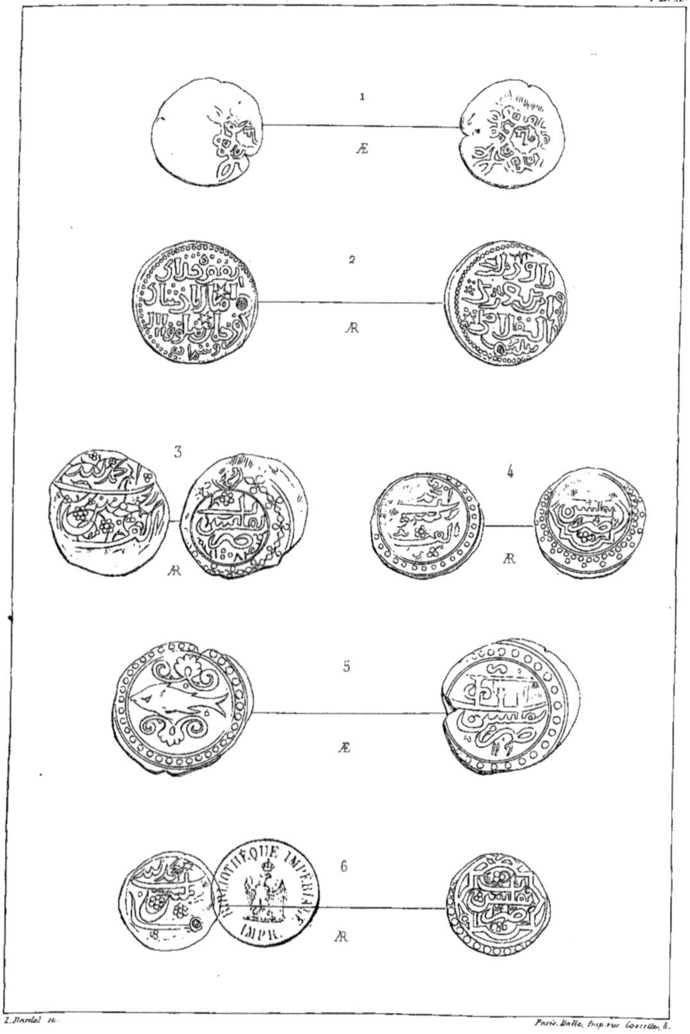

1

Æ

2

AR

3

AR

4

AR

5

Æ

6

AR

www.ingramcontent.com/pod-product-compliance
Ingram Content Group UK Ltd.
Pitfield, Milton Keynes, MK11 3LW, UK
UKHW021911070726
13613UKWH00001B/470